HISTORIAS REALES DE VAMPIROS

Relatos Sangrientos Basados en Sucesos
Reales con estos Seres

CASEY RICHARDSON

Índice

Introducción

SIEMPRE HEMOS SABIDO que existen realmente, acechando en las sombras, acechando a sus víctimas, buscando a quién devorar. Sin embargo, no son muertos vivientes que regresan de la cripta o de la parcela del cementerio para robar la sangre, el fluido vital de la existencia de los vivos.

Aunque se parezcan a nosotros -y cuando les sirva de algo pueden hacerse pasar por nosotros para engañarnos y depredarnos-nunca han sido humanos. Los verdaderos vampiros son entidades parasitarias que cambian de forma y se alimentan de la energía, la fuerza vital y las almas de los humanos. Desde cualquier dimensión del tiempo y el espacio en que se hayan originado, los vampiros reales pueden compararse con un antiguo e insidioso virus que primero infecta y luego controla su cuerpo anfitrión, haciendo que, a su vez, posea a otras víctimas, alimentándose de su esencia vital y de su propia alma.

. . .

Algunos de los que han tratado de apaciguar o controlar esta plaga parasitaria procedente de los confines del universo multidimensional sólo han conseguido ser explotados e inspirados cruelmente para formar sociedades secretas, cultos de sangre y horribles rituales de sacrificio humano. Independientemente del aura seductora del vampiro que se representa en las novelas, películas y series de televisión contemporáneas, ninguna de estas transformaciones románticas de una antigua amenaza para la humanidad retrata a los vampiros reales. Aunque el virus vampírico puede infestar a hombres guapos y mujeres hermosas, ninguno de los infectados tiene poderes sobrehumanos. Los vampiros reales y aquellos a los que poseen son repugnantes acuchilladores, desgarradores y asesinos que no prometen la inmortalidad con su sensual "mordisco", sino sólo una muerte dolorosa. Los verdaderos vampiros y sus anfitriones humanos pueden caminar libremente a la luz del día.

Los rayos del sol naciente no los hacen volver corriendo a sus ataúdes. Los crucifijos no hacen que los verdaderos vampiros retrocedan por miedo al símbolo del triunfo de Cristo sobre el pecado. Los verdaderos vampiros son el resultado de entidades antiguas como Lilith, el seductor ángel caído, o de otros seres parafísicos -como los Jinn, los Cacodaemons, los Rakshasas y los Nephilim- que han atravesado los límites del tiempo y el espacio para aprovecharse de la humanidad.

. . .

Los verdaderos vampiros son inmortales, y cuando el parásito espiritual que ha invadido un cuerpo humano se ha cansado de esa residencia carnal, se deshace desapasionadamente de su morada temporal y posee otra, abandonando a su antiguo anfitrión a la muerte y la decadencia, en lugar de a una existencia de atractiva juventud eterna y proezas sexuales eternas. Aunque estas entidades no se pueden matar, sí se pueden alejar de sus víctimas potenciales.

Podemos resistirnos a ellas. Podemos volvernos inmunes a su poder. Podemos luchar contra ellos y vencerlos. Vampiros reales, acosadores nocturnos y criaturas del lado oscuro sigue un sombrío camino que se adentra en las inciertas dimensiones del tiempo y el espacio que muchos eligen para llamar a lo sobrenatural.

Los habitantes de este mundo invisible se han inmiscuido en nuestro propio dominio desde la prehistoria y han utilizado nuestra sangre para perpetuar su propia existencia. Además, profundizaremos en el patrón psicológico que puede presentar alguien que se ha convertido en huésped involuntario de un parásito espiritual no invitado. Enumeraremos muchas de las debilidades de carácter que pueden invitar a una entidad vampírica a poseer el cuerpo, la mente y el espíritu de un individuo. Aunque la esencia misma del vampiro real se origina en otras dimensiones de la realidad, a lo largo de los siglos los asesinos psicópatas se han imaginado a sí mismos como vampiros que deben alimentarse de sangre humana para obtener poder sobre sus semejantes.

Y, en uno de esos extraños giros de la psique humana, en la Edad Media los santurrones que estaban en el poder condenaron a los hombres y mujeres como monstruos que debían ser sacrificados para establecer un triunfo de Dios, la fe y la conformidad. Vampiros reales, acosadores nocturnos y criaturas del lado oscuro también amplía sus perspectivas para incluir a una serie de no vampiros que presentan espeluznantes manifestaciones de misterio y maravilla.

¿Podría un descuido en el ocultismo dar lugar a entidades parasitarias que subsisten con la energía psíquica de sus víctimas? ¿Podrían las entidades de los OVNIs que dicen venir de otros mundos, y los extraños adolescentes de inquietantes ojos negros que te piden permiso para entrar en tu casa, ser realmente vampiros con formas menos familiares? Aunque este libro se centra en lo sobrenatural, lo multidimensional y los seres parafísicos que han interactuado con nuestra especie desde la prehistoria, también visitaré a la comunidad vampírica que vive entre nosotros hoy en día. No sugiero ni por un momento que estos hombres y mujeres sean asesinos, sociópatas o seres sobrenaturales.

Los hijos e hijas de Lilith

LA FORMA PLURAL DE "LILITH" en hebreo es "lilim", que se encuentra en la literatura talmúdica y cabalística como término para los espíritus de la noche. Lilith suele ser representada como una hermosa mujer de pelo largo y desordenado y con grandes alas de murciélago.

Según el Midrash, Lilith no sólo se aprovecha de los hombres mientras duermen, sino también de las madres que acaban de dar a luz, así como de sus bebés recién nacidos.

Es muy probable que Lilith fuera temida por primera vez en la antigua Babilonia como Lilitu, que, junto con Ekimmu, vagaba por el mundo nocturno en busca de víctimas para su insaciable sed de sangre. En el folclore hebreo, Lilith fue la esposa de Adán antes de la creación de Eva, la verdadera madre elegida de la humanidad.

· · ·

Las terribles criaturas nocturnas conocidas como los íncubos y los súcubos eran hijos de Adán y Lilith. Los íncubos se materializan ante las mujeres humanas como hombres apuestos, seduciéndolas hipnóticamente y retirándoles su fuerza vital. Los súcubos se presentan ante los hombres humanos como mujeres encantadoras y sensuales, tentadoras y prometedoras, disimulando su sed de sangre humana. Mientras que los hombres humanos que conspiran con un súcubo suelen tener un final intempestivo, despojados de sus fuerzas vitales, en ocasiones sus interacciones con estas entidades dan lugar a una horda de hijos demoníacos, que un día se reunirán en el lecho de muerte de sus padres humanos, los aclamarán como sus padres, y luego se dispersarán para capturar tantas almas humanas como sea posible.

La Magia Sagrada de Abramelin el Mago, traducida por MacGregor Mathers a partir de un manuscrito escrito en francés en el siglo XVIII, está fechada en 1458 y pretende ser traducida originalmente del hebreo. El texto afirma que el universo está repleto de hordas de ángeles y demonios que interactúan con los seres humanos en muchos niveles. Los seres humanos se encuentran en algún lugar entre las inteligencias angélicas y demoníacas en la escala espiritual, y cada entidad humana tiene tanto un ángel guardián como un demonio malévolo rondando cerca de él o ella desde el nacimiento hasta la muerte.

. . .

Las tradiciones venerables afirman que entidades como Lilith y sus descendientes se manifestaron por primera vez en la Tierra en una época en la que se decía que los dioses caminaban libremente entre la humanidad. Para estas criaturas divinas de las tinieblas, los humanos primitivos que las consideraban con tanto temor y reverencia eran una propiedad, un bien mueble del que obtener energía y sustento. El libro apócrifo de Enoc habla de la orden de ángeles llamada "Vigilantes" o "Los Insomnes". El líder de los Vigilantes se llamaba Semjaza ó Shemhazai (en otros lugares, Azazel, el nombre de uno de los principales demonios de los hebreos), que dirigía a 200 Vigilantes que bajaban a la Tierra para tomar esposas de entre las hijas de los hombres. De esa unión nacieron los Nefilim. En el Antiguo Testamento se dice que los Nefilim fueron la progenie de los "hijos de dios", cuya unión con mujeres de la Tierra produjo "gigantes... hombres de gran renombre". Aunque a menudo se traduce como "gigantes", la palabra Nephilim en realidad significa "los caídos".

Dado que los Vigilantes se manifestaron en la Tierra como ángeles, los Vigilantes eran seres de esencia espiritual, más que de carne y hueso. Lo que estos caídos que invadían la Tierra necesitaban de los humanos era su sangre y su carne para poder convertirse en seres corpóreos.

Los Vigilantes y los Nefilim Los vampiros reales son aquellos humanos vulnerables que fueron los primeros vampiros reales en explotar a la humanidad, han sido poseídos por los engendros de las entidades antiguas y continúan hoy alimentándose de la fuerza vital de los lazos como Lilith, el seductor ángel caído. Una vez en cuerpos físicos, los ángeles caídos enseñaban a sus esposas humanas a realizar diversos hechizos y a practicar las artes del encantamiento. Impartieron a las mujeres la sabiduría de las plantas y las propiedades de ciertas raíces. Semjaza no descuidó a los hombres humanos, enseñándoles a fabricar armas y herramientas de destrucción.

Maestros Serpientes de Otros Mundos

En muchos sentidos, Semjaza es sinónimo de la Serpiente que tentó a Eva y Adán con el fruto del Árbol del Conocimiento. Casi todas las culturas terrestres conocidas tienen sus leyendas de sabios de la Gente Serpiente que gobernaron el planeta en tiempos prehistóricos y ayudaron a la humanidad a ascender en su estatus de simios sin pelo a señores del planeta. Se dice que muchas de estas Personas Serpientes vinieron del cielo para promulgar el gobierno benéfico y civilizador de los Hijos del Sol, o los Hijos del Cielo, sobre la Tierra. Se dice que Quetzacoatl, la "serpiente emplumada" y portadora de la cultura de los aztecas, descendió del cielo en un huevo de plata.

Cihuacoatl, la Gran Madre de los Dioses para los antiguos pueblos de México, era representada como una mujer serpiente. Entre muchas tribus africanas, es Aido Hwendo, la serpiente arco iris, la que sostiene la Tierra.

El sacerdote-historiador babilónico Berossus relató la leyenda de Oannes, una entidad descrita como una serpiente mitad hombre, mitad pez, que emergió del Golfo Pérsico para instruir a los primeros habitantes de Mesopotamia en las artes de la civilización. Antes de la llegada del maestro serpiente Oannes, afirmaba Beroso, los sumerios eran salvajes, vivían como las bestias sin orden ni reglas.

Al igual que muchos relatos sobre el Pueblo de las Serpientes, Oannes parecía ser una especie de Maestro anfibio dotado de una inteligencia superior, pero que poseía una apariencia que resultaba aterradora. Oannes tenía el cuerpo de una serpiente parecida a un pez con pies parecidos a los de un ser humano y una cabeza que combinaba los rasgos de un pez y de un ser humano. Berossus explicó que la criatura caminaba por tierra durante el día, aconsejando y enseñando a los sumerios, pero volvía al océano cada noche.

Los textos antiguos hablan de los Vigilantes, los Nefilim, los caídos que fueron los primeros vampiros reales que explotaron a la humanidad distinguen las semillas de la Tierra y les mostraron cómo cosechar los frutos. En resumen, Oannes les instruyó en todo lo que podía tender a suavizar los modales y civilizar a la humanidad.

Debido al respeto por los grandes Maestros Serpientes de la prehistoria, en el antiguo Egipto la serpiente se consideraba tanto un símbolo de inmortalidad como de muerte, y el faraón llevaba un emblema de serpiente en su tocado como marca de realeza y divinidad.

Apolo, el dios griego de la curación y la medicina, era invocado y adorado originalmente como una serpiente.

Esculapio, otra deidad asociada a la medicina, a menudo se materializaba como una serpiente, y su cresta de las serpientes dobles sigue siendo hoy un símbolo de la profesión médica: el caduceo.

En el relato hebreo de la Caída del Paraíso, la Serpiente era el rey de las bestias, que caminaba sobre dos patas. La serpiente se puso celosa al ver cómo los ángeles honraban a Adán. Por su participación en la seducción de Eva, la Serpiente fue castigada con la extirpación de sus miembros y obligada a arrastrarse sobre su vientre. En la tradición musulmana, es el Arcángel Miguel quien corta los miembros de la serpiente con la espada de Dios.

En muchas leyendas de los nativos americanos, el gran héroe Manabozho debe luchar contra muchos Pueblos Serpiente para liberar a su pueblo de la esclavitud.

· · ·

Según muchas tradiciones tribales, en el principio de los tiempos los humanos y las serpientes podían conversar libremente.

Se creía que las serpientes aparecían en la mitología y las leyendas de culturas de todo el mundo, incluido el conocido relato bíblico del Jardín del Edén. ¿Podría esta coincidencia entre las antiguas civilizaciones ser una pista sobre las criaturas que visitaron a la humanidad primitiva?

La Gente Serpiente sigue siendo popular como entidades que cambian de forma en el folclore local de muchas zonas del mundo. Algunas culturas siguen creyendo que una raza subterránea de seres reptiles controla en secreto todos los acontecimientos importantes de la vida en este planeta. Ciertos investigadores de OVNIs han teorizado que la Gente Serpiente de los tiempos prehistóricos son los mismos seres que hoy visitan la Tierra en naves espaciales como Señores Superiores que vigilan la evolución de la humanidad.

Cuidado con los demonios disfrazados

La ciencia de la alquimia fue introducida en el mundo occidental a principios del siglo III de nuestra era por Zósimo de Panápolis, un alquimista greco-egipcio y místico gnóstico.

Zósimo citó el conocido pasaje del Génesis como origen del arte arcano: "Los hijos de Dios vieron esa referencia cultural, Zosimus se hizo eco del Libro de Enoc al afirmar la tradición de que, en recompensa por sus favores, los "hijos de Dios" dotaron a estas mujeres con el conocimiento de cómo fabricar joyas, prendas de colores y perfumes con los que realzar sus encantos terrenales.

En opinión del clero, los alquimistas estaban siendo engañados por demonios disfrazados. El padre de la Iglesia Tertuliano (c. 160-240 d.C.) sostenía que los "hijos de Dios" a los que se refería el Génesis eran malvados pervertidores de los humanos que legaban su sabiduría a los mortales con la única intención de seducirlos hacia los placeres mundanos.

Haciendo caso omiso de las advertencias del clero, los alquimistas creían que también podían adquirir el control de los elementales, las inteligencias invisibles que habitan los cuatro elementos básicos del plano material. Las criaturas del aire se conocen como sílfides; de la tierra, gnomos; del fuego, salamandras; y del agua, las ninfas u ondinas.

Según la antigua tradición, antes de la Caída, Adán tenía un control total sobre estas entidades.

. . .

Después de la Caída de la Gracia en el Jardín del Edén, Adán perdió su dominio sobre los elementales, pero aún podía exigir su obediencia mediante ciertos conjuros y hechizos. Esa misma tradición antigua sugiere que esa comunicación con las entidades invisibles puede ser establecida por el mago sincero que busca los antiguos hechizos.

La apariencia de los elementales, cuando es percibida por el ojo humano, es la de atractivos hombres y bellas mujeres. Al haber sido creados a partir de las esencias puras de su elemento, pueden vivir durante siglos; pero al haber sido creados a partir de elementos terrestres, sus almas no son inmortales, como las de los humanos. Sin embargo, si un elemental se une en matrimonio con un humano, su unión puede transformar el alma de la criatura en un espíritu que puede disfrutar de la vida eterna. Se dice que algunos de los más grandes personajes de la antigüedad, como Zoroastro, Alejandro y Merlín, fueron hijos de espíritus elementales.

Aunque la mayoría de las tradiciones sostienen que los elementales son amistosos con los humanos, algunas autoridades advierten que cada uno de los cuatro elementos contiene un número de malhechores y entidades que tienden más a lo demoníaco que a lo angélico.

Cambiadores de forma sobrenaturales de dimensiones paralelas.

. . .

Es interesante observar que todas las principales religiones del mundo hablan de una dualidad de los dioses o semidioses que vinieron a la Tierra: algunos para explotar; otros para enseñar; algunos para esclavizar; otros para liberar.

En las tradiciones árabes y musulmanas, los jinas son demonios malignos que poseen una gran variedad de poderes sobrenaturales. Algunos eruditos declaran que los jinas son un poco más bajos que los ángeles, porque fueron creados de humo y fuego. Su líder es Iblis, antiguamente aclamado como Azazel, el homólogo islámico del Diablo.

Los jinas se mencionan con frecuencia en el Corán, pero las entidades eran conocidas antes de que el profeta Mahoma escribiera sobre su existencia. En la Arabia preislámica, los jinas eran venerados como seres divinos que habitaban un mundo paralelo al de los humanos.

Los jinns son hábiles cambiadores de forma, capaces de asumir cualquier forma en su misión declarada de obrar el mal sobre los humanos. Por otro lado, los jinns también pueden, en ocasiones, influir en los humanos para que hagan el bien, y también pueden realizar buenas acciones para aquellos que tienen el poder de invocarlos.

Según algunas tradiciones, el rey Salomón poseía un anillo que le daba el poder de convocar a los jinas para que lucharan junto a sus soldados en la batalla. Además, se dice que el templo de Salomón fue construido con la ayuda de los jinas.

Sin embargo, los jinns son temidos principalmente como criaturas que existen con el propósito de atormentar a los humanos. Algunas creencias antiguas afirman que un humano que muere como pecador impenitente puede convertirse en un Jinn durante un periodo de tiempo.

Muchos estudiosos del misticismo y el esoterismo declaran que un tipo de Rakshasas es el equivalente hindú de los Nephilim, los gigantes de la Biblia, que declararon la guerra a los dioses mayores. Los malvados Rakshasas suelen aparecer como hermosas mujeres que beben la sangre y se alimentan de la carne de hombres y mujeres. Los Rakshasas también poseen habilidades para cambiar de forma, y La idea de los Jinns evolucionó más tarde en la cultura occidental, ya que se deleitan en poseer vulnerables el "genio de la lámpara", pero los verdaderos Jinns son anfitriones de forma humana y les hacen cometer actos de cambiantes que se mencionan a menudo en el sagrado Corán.

La apariencia de los Rakshasas se describe a menudo como de color amarillo, verde o azul, con aberturas verticales en los ojos. Se les teme por ser bebedores de sangre y se les detesta por su afición a animar los cuerpos de los muertos y acechar a nuevas víctimas.

La gran diosa hindú Kali es en sí misma un vampiro, y se dice que su imagen se manifiesta sobre los campos de batalla, con su larga lengua lamiendo la sangre de los caídos.

En las tradiciones sintoístas, hay millones de Kami, espíritus de la naturaleza que pueden hacer el bien o el mal a los humanos. Aunque los Kami no son en absoluto angelicales, tampoco es su único propósito hacer daño a los humanos.

Pueden ser brutales o benévolos, según la intención o el propósito del individuo. Incluso el Kappa, un demonio chupasangre que ronda la noche y que generalmente se considera el más malvado de los Kami, puede invertir su naturaleza y seleccionar a humanos individuales para enseñarles prácticas médicas y mágicas.

Los antiguos persas y caldeos llamaron a los ángeles que cayeron a la Tierra los Cacodaemonios.

Expulsados del Cielo (otro mundo, otro universo) por rebelarse contra el orden imperante, su líder, Ahrimanes, estaba decidido a gobernar la Tierra y a los humanos primitivos que residían en ella. Sin embargo, independientemente del lugar en el que Ahrimanes intentara establecer su reino, los Agathodaemons, representantes de la ley universal, le impedían explotar o interferir en la evolución natural de los humanos.

Tras intentar librar una violenta guerra de desafío en la Tierra contra los Agathodaemons, Ahrimanes y su ejército fueron derrotados una vez más. Según los persas, los caco-daemonios fueron rechazados de la Tierra y se refugiaron en el espacio entre la Tierra y las estrellas fijas, un dominio que se conoce como Ahriman-abad. Es desde esta dimensión que Ahrimanes, resentido y vengativo, se complace en dirigir a sus demonios para que aflijan y atormenten a los seres humanos. A lo largo de toda la historia, estos seres parafísicos, mimetizados con nuestras formas humanas, han caminado entre nosotros de forma desapercibida, sembrando la discordia por dondequiera que deambulan, minando la energía de nuestras almas, invadiendo los cuerpos de los huéspedes siempre que es posible, haciendo que los humanos vulnerables busquen la sangre de sus semejantes.

Hay numerosas leyendas antiguas que se refieren a una gran guerra que ocurrió en el "Cielo" antes de que los ángeles o semidioses derrotados vinieran a la Tierra; y, después de que los Nefilim hubieran transgredido las leyes de Dios, hubo otro violento conflicto que se desató en la Tierra entre las fuerzas de la luz y de la oscuridad en la prehistoria de la humanidad.

. . .

La sangre humana se convierte en sagrada para los antiguos dioses En algún momento de aquellos feroces y aterradores años prehistóricos, se llegó a la conclusión de que el derramamiento de la sangre de una persona estaba relacionado con la liberación de la propia fuerza vital. Y como era requerida por los dioses, la sangre se volvió sagrada.

Después de que los dioses, en sus diversas formas, se retiraran a su otro universo dimensional, algunos de sus más devotos servidores humanos recordaron el poder inherente a la sangre y a la fuerza vital, y un gran número de rituales mágicos y religiosos se centraron en el derramamiento de sangre. En un esfuerzo por llamar a los dioses a la Tierra y suplicarles que les concedan favores, miles de miembros de antiguos sacerdocios elevaron cálices llenos del oscuro y sagrado elixir de la vida sobre miles de altares manchados con sangre animal y humana. En un esfuerzo por parecerse a los dioses, muchos individuos empezaron a practicar el consumo de sangre que salía de las venas de sus víctimas.

El erudito bíblico Hyam Maccoby, en su libro The Sacred Executioner (El verdugo sagrado), sostiene que Caín fue el héroe en el relato original del asesinato de Abel en el Génesis. Caín construyó la primera ciudad y se convirtió en el patriarca de los metalúrgicos, músicos y pastores (Génesis 4:16-22). En la reconstrucción que hace Maccoby del Génesis, el asesinato de su hermano por parte de Caín no fue un vil homicidio, sino el sacrificio humano primigenio que aseguró la civilización de la raza humana.

A medida que la civilización avanzaba y la humanidad empezaba a liberarse de las exigencias de los antiguos dioses y sus sacerdotes, que exigían sacrificios de sangre, la fuerza vital y el fluido que la simbolizaba exigían un nuevo tipo de respeto. La sangre se convirtió en algo sagrado.

Las advertencias contra la ingesta de sangre pronto formaron parte de las enseñanzas de todas las principales confesiones religiosas; sin embargo, los dictados de la cultura, la magia y la religión podían limitarse a emitir prohibiciones relativas al derramamiento de sangre por parte de los humanos. Los dictados clericales y los pronunciamientos cívicos no suponen ninguna amenaza para aquellos que hacen caso a los susurros de los Antiguos Dioses para satisfacer su sed de sangre con el fluido vital de otros. El dogma eclesiástico y los terrores de las Inquisiciones no pueden hacer nada para calmar el hambre de los verdaderos vampiros que poseen los cuerpos de sus discípulos y les ordenan agazaparse en la oscuridad y esperar para beber la sangre de hombres, mujeres y niños y drenarles su fuerza vital.

2

Vampiros míticos

LA LEYENDA del vampiro siempre ha estado con nosotros: desde las sombras de las antiguas pirámides egipcias hasta las brillantes luces de la ciudad de Nueva York, el mal del vampiro sigue siendo eterno. Desde las aldeas de Uganda y Haití hasta las remotas regiones del Alto Amazonas, los pueblos indígenas conocen al vampiro en sus múltiples facetas. El sacerdote tradicional de los nativos americanos, el chamán esquimal del Ártico, el Kahuna polinesio, todos conocen el mito del vampiro y toman precauciones contra aquellos que creen que fueron humanos y que ahora se encuentran entre los muertos vivientes que buscan sangre por la noche para mantener sus energías oscuras.

Cada cultura tiene su propio nombre para el acosador nocturno. La palabra con la que la mayoría de nosotros estamos familiarizados proviene del eslavo Magyar- vam, que significa sangre; Tpir, que significa monstruo.

· · ·

Por citar sólo algunos otros nombres del vampiro en varios idiomas, está la variante inglesa más antigua, vampyr; el latín, sanguisuga; el serbio, vampir; el ruso, upyr; el polaco, Upirs; y el griego, Brucolacas.

El aspecto físico del vampiro en el folclore europeo es grotesco, una criatura de pesadilla con colmillos retorcidos y garras. La representación cinematográfica del vampiro en Nosferatu (1922), de F.W. Murnau, presentó a los espectadores una representación exacta del vampiro tradicional. En esta película, que fue la versión no autorizada de Murnau de la saga del Conde Drácula, vemos al repugnante chupasangre del actor Max Schreck, el Conde Orlock, que se mueve en las sombras con ojos oscuros y huecos, orejas de diablo puntiagudas y colmillos horribles. Con sus largas garras manchadas de sangre, su cabeza en forma de huevo y su tez blanca y pálida, el Nosferatu de Schreck captura el aspecto clásico de los muertos vivientes tal y como se ven en las pesadillas colectivas de la humanidad.

Durante muchos siglos atormentados por el demonio en Europa, los oscuros poderes del vampiro se hicieron aún más fuertes en la mente del hombre o la mujer promedio.

Según las advertencias nerviosas, al caer el crepúsculo, los poderes hipnóticos del vampiro eran irresistibles, y su fuerza era la de una docena de hombres.

· · ·

Podía transformarse en la forma de un murciélago, una rata, un búho, un zorro o un lobo. Podía ver en la oscuridad y viajar en los rayos de la luna y la niebla. A veces, tenía el poder de desvanecerse en una bocanada de humo.

La gente desesperada y asustada trataba de adornar sus ventanas con ajo o acónito, obtener un frasco de agua bendita, colgar un crucifijo en cada pared y rezar sus oraciones por la noche, pero no había ninguna protección segura contra el ataque de un vampiro.

Incluso un pariente recién enterrado podía haber sido maldecido para convertirse en vampiro, y una vez que caía la noche, el cadáver, animado por la sed de sangre, salía de la podredumbre de la tumba para buscar el impío alimento de sus propios familiares. El vampiro era un horrible depredador al que sólo se podía matar con una estaca en el corazón y la decapitación.

Otra forma de actuar contra el vampiro era abrir su ataúd a la luz del día, mientras dormía, y clavarle una estaca de madera en el corazón, o, tal vez más seguro, destruir el ataúd mientras estaba fuera y dejar que los rayos del sol de la madrugada redujeran al monstruo a cenizas.

En China, el Chiang-shih puede aparecer como un ser parecido a un cadáver cubierto de pelo verde o blanco.

La única motivación del Chiang-shih en su miserable existencia es acabar con la vida de las personas que viajan por la noche. La criatura está equipada con largas y afiladas garras, colmillos dentados y ojos rojos brillantes.

El Chiang-shih también puede poseer un cuerpo humano para aparecer como una mujer seductora o un hombre apuesto ante su desprevenida víctima. En algunos casos, la entidad reanima un cadáver recientemente fallecido, especialmente el de alguien que se ha suicidado.

En el primer capítulo mencioné a los seductores y chupasangre Rakshasas de los hindúes, pero este hermoso acechador nocturno no es el único en la tradición india. A lo largo de los siglos, la Madre India ha soportado una gran variedad de acechadores nocturnos vampíricos.

El Bhuta acecha las tierras salvajes y los páramos y a menudo señala su presencia con un espeluznante despliegue de luces brillantes. Debido a que estos horribles seres se alimentan de cadáveres en descomposición, la mordedura del Bhuta provoca enfermedades, a veces mortales.

Se dice que el rapaz Brahmaparush agarra a sus víctimas por la cabeza y bebe su sangre a través de un agujero que perfora en sus cráneos.

· · ·

Una vez que se ha saciado de sangre, el Brahmaparush se come el cerebro de los que han caído en sus garras.

Según la antigua tradición, el vampiro debe volver a su cripta, ataúd o escondite antes del amanecer o los rayos del Sol lo destruirán.

Una vez completado el sangriento festín, el vampiro entabla una extraña danza de triunfo alrededor del cadáver.

Las Churel ciertamente apagan la imagen hermosa y seductora que han establecido tantas mujeres vampiro en todo el mundo. Las Churel son terriblemente feas, con mechones de pelo salvaje, pechos caídos, lenguas negras y labios gruesos y ásperos. Dado que atraer a un hombre apuesto para que las acompañe en las sombras está definiti- vamente fuera de la esfera de posibilidades, las Churel dejan de lado la seducción y atacan con saña a los hombres jóvenes.

Los aborígenes de Australia hablan del Yara-Ma-Yha-Who, un desagradable habitante de las sombras que utiliza las ventosas de los extremos de sus dedos de manos y pies para darse un festín con la sangre de sus víctimas.

. . .

El pueblo ashanti del sur de Ghana teme a los asasabonsam, entidades vampíricas que favorecen la atracción de la gente hacia los bosques profundos. Los Asasabonsam parecen humanos normales, hasta que de repente les salen piernas con forma de gancho y dientes salvajes para beber la sangre de sus víctimas.

Otro ser vampírico que molesta a las tribus de la Costa de Oro africana es el Obayifo. Esta criatura podría explicarse como la forma espiritual de un hombre o mujer practicante de las Artes Oscuras que abandona el cuerpo del huésped por la noche y va en busca de sangre humana. A veces el ser aparece como una bola de luz brillante antes de rematerializarse como vampiro y reclamar a su víctima.

El mito del vampiro contemporáneo: seductor y sexy

Después de que la novela Drácula (1897) de Bram Stoker se convirtiera en una popular obra de teatro -y, en 1931, en una clásica película de terror con Bela Lugosi interpretando al Conde como un sofisticado aristócrata-, la imagen del vampiro como un horrible demonio comenzó a transformarse en la conciencia popular en la de un atractivo desconocido que posee una mordedura que, aunque fatal, también promete la vida eterna.

· · ·

En las décadas que siguieron a la aparición icónica de Lugosi como miembro sofisticado, seductor e hipnótico de los muertos vivientes, el vampiro de la leyenda -una presencia demoníaca, envuelta en un sudario funerario putrefacto, que sólo pretende saciar su sed de sangre- fue sustituido por figuras seductoramente románticas.

Anne Rice, que sin duda ha contribuido en gran medida al renacimiento literario del vampiro como figura romántica en novelas como Entrevista con el vampiro, ha dicho que el vampiro es una figura "cautivadora". Para ella, la imagen del vampiro es la de una "persona que nunca muere... [que] acepta un sacrificio de sangre para amar, y ejerce un encanto sobre la gente". En su opinión, el vampiro es "una persona atractiva, seductora, que nos cautiva, y luego nos drena la vida para que él o ella puedan vivir. Ansiamos ser uno de ellos, y la idea de ser sacrificados por ellos se vuelve bastante romántica".

Al parecer, en la gran mayoría de las representaciones cinematográficas y literarias actuales de los no muertos, los atractivos y musculosos vampiros masculinos y las bellas y seductoras acosadoras nocturnas sólo beben sangre humana de las unidades de almacenamiento de los hospitales o se las arreglan dándose un festín de sangre animal. En ciertas variaciones contemporáneas de los cuentos clásicos, los vampiros han desarrollado una fórmula similar a la sangre sintética que les permite evitar la toma de fluidos vitales humanos.

Varias series de televisión populares han llegado a presentar a vampiros concienciados en el papel de policías o detectives privados que defienden a la sociedad humana de los desalmados colmilludos que siguen buscando víctimas humanas.

Las metáforas sexuales que se encuentran en las representaciones cinematográficas y literarias de la seductora mordedura del vampiro son muchas, y Anne Rice ha tocado una fibra sensible y atávica en sus muchos lectores entusiastas. En opinión de Rice y de otros autores y guionistas que han popularizado al mítico vampiro, los objetivos generales del vampiro pueden ser incomprensibles para el limitado punto de vista de un ser humano, pero a los no muertos no se les aplican los juicios de valor humanos.

Cerrando el telón del mito para ver a los vampiros reales

En el momento en que uno empieza a discutir seriamente la posibilidad de que los antiguos parásitos espirituales multidimensionales puedan ser realmente responsables de los actos depredadores de los vampiros reales que han acechado a la humanidad desde la prehistoria, uno puede recibir una ceja levantada y la acusación de que está intentando empujar el estudio de la enfermedad mental y el comportamiento antisocial de vuelta a la Edad Media.

· · ·

Sin embargo, hay un número creciente de médicos, psiquiatras, psicólogos clínicos y miembros del clero que se están abriendo lo suficiente como para sugerir que podríamos reconsiderar ciertas áreas de la salud mental y categorías particulares de estados psíquicos anormales como posesión demoníaca por parásitos espirituales en lugar de enfermedad mental.

El Drácula de Christopher Lee enfatizó aún más que Lugosi que el vampiro era sensual y seductor, mientras que la icónica interpretación de Bela Lugosi el Conde Drácula como un sofisticado aristócrata en la versión cinematográfica de 1931 de la novela de Bram Stoker cambió la imagen del vampiro en el cine, pasando de ser un horrible demonio a un atractivo desconocido que promete la inmortalidad en su mordisco.

En los últimos años, un número creciente de parapsicólogos y otros investigadores han investigado la posibilidad de que la esclavitud mental a un parásito espiritual pueda ser bastante común. La humanidad ha progresado hasta una meseta de iluminación en la que condenamos la esclavitud de un ser humano a otro. Sin embargo, la esclavitud del alma es más siniestra, porque el fenómeno sigue sin ser reconocido ni detectado.

Muchos investigadores creen que el parásito espiritual puede apoderarse del mecanismo de control del cuerpo del huésped y dirigir al humano esclavizado a realizar actos horribles y atroces. El espíritu parásito puede implantar pensamientos asesinos en la mente del huésped, como el deseo de probar la sangre humana, degollar a la víctima o incluso comer parte de su carne. Una vez cometido el crimen, el espíritu parásito vampírico se retira a otra dimensión del tiempo y el espacio, dejando así al confundido ser humano solo, acusado de asesinato, mientras el verdadero asesino ha escapado.

Algunos investigadores psíquicos han creado una especie de perfil de patrón de lo que puede ocurrir cuando alguien se ha convertido en el anfitrión involuntario de un invitado espiritual no invitado.

El ser anfitrión puede empezar a escuchar voces que le dirigen a realizar actos que nunca antes había considerado.

Puede empezar a utilizar un lenguaje obsceno y blasfemo en situaciones que hacen que sus amigos o familiares se sientan muy ofendidos o incómodos. Sus amigos y familiares comentarán que actúa como una "persona totalmente diferente". Puede ver con frecuencia imágenes grotescas del espíritu parásito tal como existe en su dimensión parafísica.

· · ·

En las semanas y meses siguientes, el ser anfitrión puede caer en estados de desmayo, momentos de los que no recuerda absolutamente nada.

En ocasiones, en medio de conversaciones, el ser anfitrión puede encontrar su mente consciente bloqueada y un estado de trance se apoderará de él. Se observará que el ser anfitrión camina de forma diferente, habla en un tono diferente y actúa de forma extraña e irracional. En el peor de los casos, el espíritu parásito lo hará. La apariencia física de un vampiro en Europa poseerá completamente la mente y el cuerpo del ser anfitrión.

No es nada reconfortante leer los informes de algunos investigadores de tales fenómenos que afirman que posiblemente todo el mundo, en un momento u otro, puede volverse susceptible a un parásito espiritual.

Un examen de los historiales de casos de esquizofrénicos diagnosticados revela que muchos de ellos pasaron por un período de estrés grave antes de la aparición de la enfermedad. Las personas estresadas buscan controlar la tensión en sus vidas. Desgraciadamente, demasiadas personas consumen alcohol o drogas para entrar en un estado de relajación, que muy a menudo se convierte en un estupor por la bebida o las drogas. El alcohol y las drogas dejan al usuario muy abierto a los parásitos espirituales.

. . .

Tradicionalmente, los investigadores de la condición psicológica humana han supuesto que el cambio de personalidad en una persona habituada a las drogas o al alcohol se debe a la ingestión de la sustancia preferida. Ciertos investigadores psíquicos han descubierto que los espíritus parásitos se introducen con frecuencia en la mente y el cuerpo de los consumidores de drogas y alcohol y, de hecho, animan a los seres huéspedes a consumir más drogas o alcohol, ya que son más fáciles de controlar mientras están bajo la influencia de sustancias que alteran la mente.

Las actuales representaciones literarias y cinematográficas del vampiro han convertido a la antigua criatura de las tinieblas en el monstruo más popular del mundo. En este libro, sin embargo, nos ocupamos de los Vampiros Reales que siguen depredando sin piedad a sus víctimas y dejando de lado los valores humanos.

3

Una galería de vampiros clásicos

En la reunión de la Academia Americana de Ciencias Forenses celebrada en Denver (Colorado) en marzo de 2009, Matteo Borrini, de la Universidad de Florencia (Italia), afirmó que podría haber examinado forzosamente los primeros restos óseos de un vampiro.

Mientras excavaba las fosas comunes de las víctimas de la peste veneciana de 1576 en la isla de Lazzaretto Nuovo, Borrini encontró el cráneo de una mujer con un ladrillo en la boca. Según Borrini, los excavadores de tumbas colocaban pequeños ladrillos en la boca de los vampiros, aquellos hombres y mujeres de los que se sospechaba que propagaban la peste, además de beber la sangre de la gente.

Sin duda, durante la Edad Media, acechada por los demonios, hubo muchos cadáveres enterrados con ladrillos en la boca, ya que había numerosos individuos recién fallecidos bajo sospecha de ser vampiros. En la mente popular, Vlad Tepes, Drácula (1431-1476), bien podría haber sido el responsable de crear un buen número de acosadores nocturnos bebedores de sangre.

Vlad Tepes, rey de Wallaschia, en la actual Rumanía, puede haber sido una de las inspiraciones de la obra clásica de Bram Stoker, Drácula, y su propio nombre puede ser sinónimo en todo el mundo de vampiros, pero no se incluirá en nuestra Galería por la muy buena razón de que no era un vampiro. Su sangriento sobrenombre, Vlad el Empalador, no proviene de los colmillos que empalaban las gargantas de sus víctimas, sino de las estacas que atravesaban a los guerreros que se rendían ante él en la batalla. La historia cuenta que Vlad pudo haber torturado, asado, hervido y empalado hasta 100.000 soldados enemigos, pero nunca se le vio beber una sola gota de su sangre.

En 1410, el rey Segismundo de Hungría había fundado una orden fraternal secreta llamada "Orden del Dragón" para defender a la Europa cristiana del ataque de los turcos otomanos. El emblema de la orden era un dragón con las alas desplegadas defendiendo una cruz. El padre de Vlad Tepes era conocido como "Vlad el Dragón" en honor a su valor en la guerra contra los turcos. Por ello, Vlad Tepes (Vlad III) se convirtió al nacer en Vlad Dracul o "Hijo del Dragón".

. . .

En la Rumanía actual, Vlad Dracul es considerado un héroe nacional por su éxito en la resistencia a los turcos otomanos invasores y por establecer al menos un breve periodo de paz, independencia y soberanía. Llamar a Vlad Dracul una criatura de las tinieblas que cambia de forma mientras se hace turismo en Rumanía sería comparable a que los visitantes de Estados Unidos llamaran vampiro a nuestro héroe y líder colonial George Washington.

Sin embargo, existe una conexión histórica entre Dracul y el primer vampiro verdadero de nuestra Galería. En 1476, Steven Bathóry de Transilvania, cuyo escudo familiar también lleva la imagen de un dragón, ayudó a Vlad Tepes a recuperar su trono. En 1560 nació Erzsebet (Elizabeth) Bathory.

La Condesa de la Sangre

Nacida en una familia de aristócratas, Elizabeth Bathóry heredó de su familia una oscura reputación. El nombre de Bathory había sido el de los gobernantes más sabios o el de los déspotas más depravados.

A los 15 años, Isabel, conocida por su belleza y su cutis impecable, se comprometió con Ferenc Nadasdy en la Nochevieja de 1575. Nadasdy era otro apellido de reputación siniestra, y el joven conde Ferenc tenía una vena de crueldad bárbara y de intenso sadismo.

Juntos formaban una pareja perfecta. Elizabeth estaba constantemente al lado de Ferenc mientras el joven aristócrata se adentraba en las artes oscuras. Mujer inteligente y culta, Elizabeth sabía leer y escribir en cuatro idiomas y era completamente capaz de gestionar los asuntos del castillo o pronunciar complejos rituales satánicos. Isabel y Ferenc se casaron el 18 de mayo de 1575, con una boda que contó con unos 4.500 invitados. Isabel conservó el apellido Bathory porque el nombre de su familia era más poderoso que el de su marido.

Es probable que Isabel hubiera seguido siendo una aristócrata depravada más si su marido se hubiera quedado en casa para mantenerla contenta. En cambio, Ferenc descargó su sed de sangre convirtiéndose en uno de los mayores guerreros de Hungría, ganándose el título de El Héroe Negro por sus constantes batallas contra los turcos.

En 1578, Nadasdy fue nombrado comandante en jefe del ejército húngaro, y dirigió las tropas para librar otra guerra contra los otomanos.

Aunque Nadasdy se ausentaba a menudo durante meses, en 1585 Isabel dio a luz a su primer hijo, una niña, Ana.

Unos años más tarde nacieron otra hija, Úrsula, y un hijo, Andrés, pero murieron a una edad muy temprana.

Con Nadasdy tan a menudo en guerra por largos períodos de batalla y sangre, los huéspedes del castillo empezaron a tomar un aspecto extraño, ya que la sirvienta personal de Elizabeth, Iloona Joo, y dos brujas lesbianas llamadas Darvula y Dorka convocaron a extraños conocidos de de toda la campiña para divertir a su solitaria señora. Algunos de los visitantes decían ser vampiros u hombres lobo. Otros eran brujas, magos y alquimistas.

Muchos experimentos horribles y espantosos

Estos discípulos de Satanás solían torturar a las sirvientas para animar una tarde aburrida. Jonas Ujvary, el principal torturador del castillo, seleccionaba a las chicas del personal con las que practicaba sus habilidades con los hierros candentes y las ejecuciones, incluidas las decapitaciones.

Johannes, un enano, a veces azotaba a una joven hasta la muerte mientras la multitud contaba en voz alta los latigazos. En otras ocasiones, cortaba trozos de carne de las mujeres y pasaba los trozos por el círculo de los invitados, deseosos de probar los sangrientos aperitivos antes del plato principal de un fastuoso festín.

. . .

Enardecida por la crueldad y varias botellas de vino, la velada llegaba a su clímax con una orgía sexual sin parangón en toda Europa por su libertinaje.

Para 1598, habían nacido dos hijos más, Kate y Paul, de Elizabeth y Ferenc; y la Condesa, de la que se dice que era una madre cariñosa, se dedicó a criar a sus hijos, con la ayuda de un número de institutrices de Elizabeth Bathory, la Condesa de la Sangre.

Cuando Ferenc murió en batalla en 1604, Isabel se encontró con una mujer soltera de cuarenta años. Empezó a preocuparse porque ya no era joven y hermosa y porque podría tener dificultades para encontrar otro consorte.

Fue cuando empezó a temer la pérdida de su legendaria belleza cuando podemos imaginar un escenario que se dice que comenzó con una sirvienta que cometió el error de derramar una pequeña porción del vino que había estado sirviendo para su señora. Para enfatizar su descontento, la Condesa golpeó a la muchacha en la cara y le hizo salpicar la mano con sangre.

Cuando la condesa Bathóry se quitó las gotas de sangre, le pareció que la piel que había debajo parecía más suave y joven.

. . .

Rápidamente, la condesa llamó a Iloona Joo y le preguntó si las artes oscuras tenían las recetas de las pociones para preservar la juventud. "Sí, mi señora", respondió la mujer.

"Existen tales pociones encerradas en los secretos de los rituales negros".

La Condesa lo consideró, y luego le dijo a la mujer que creía que acababa de descubrir un elemento vital para el secreto de la eterna juventud. Llamó a los guardias y les hizo traer a la sirvienta a la que había golpeado. Mientras los fornidos hombres sujetaban firmemente a la aterrorizada muchacha, la Condesa extrajo una bandeja de sangre de sus venas.

Ignorando a la criada inconsciente que se había desplomado en el suelo, Elizabeth Bathóry comenzó a bañar su cuerpo con la sangre que había robado. "Ya ves", exclamó a Iloona Joo, que había observado con atención todo el proceso. "Mi cutis ha mejorado inmediatamente. He encontrado el secreto para permanecer eternamente joven. No necesito conocer los estragos de la edad. Todo lo que tengo que hacer es bañarme en la sangre de las doncellas".

Elizabeth Bathóry creyó que había hecho el descubrimiento en el momento justo, ya que el espejo había empezado a revelar las líneas de la edad que invadían su antes impecable belleza.

Con una pasión desesperada por conservar su encanto, la feroz Isabel Báthory de Hungría se propuso mantener un suministro regular de doncellas para sangrar en su baño. Durante once terribles años, los campesinos de la aldea situada bajo el castillo de Bathóry se encogían tras las puertas cerradas de sus casas al anochecer y escuchaban los gritos de las jóvenes que eran arrebatadas por el terrible carruaje negro que retumbaba por las calles.

Las doncellas, secuestradas en el pueblo, eran llevadas directamente a los corrales del sótano, donde eran engordadas y luego desangradas para el baño diario de la Condesa.

Sea o no un Bathory, el rey Matías decidió por fin que había que investigar los rumores sobre la condesa Isabel. El grupo de asalto al castillo fue dirigido por Juraj Thurzo, el palantino de Hungría, en la víspera de Año Nuevo de 1610.

Thurzo, primo de la infame condesa, había discutido las acusaciones vertidas contra Isabel con los miembros de la familia, ninguno de los cuales deseaba que fuera declarada culpable de crímenes tan terribles como los que se le imputaban. Ninguno de ellos deseaba entregar a la Corona la propiedad de las vastas tierras y riquezas de los Bathory. Se llegó a un acuerdo informal por el que Isabel podría ser recluida en un convento. Esos planes de santuario se olvidaron cuando el grupo de asalto llegó al castillo.

Aunque los hombres habían sido advertidos y habían escuchado todos los rumores, ninguno estaba preparado para el espantoso espectáculo que tenían ante sí cuando atravesaron la puerta del castillo. Los cuerpos muertos y moribundos de las jóvenes estaban esparcidos por el suelo, algunos de ellos horriblemente mutilados. Por los sonidos del piso de arriba supieron que se estaba celebrando una gran fiesta de borrachos. Los asaltantes cerraron silenciosamente las salidas del castillo y arrestaron a todos los que estaban dentro.

El 7 de enero de 1611, el juez del Tribunal Supremo Real, Theodosious de Szulo, y 20 jueces asociados ordenaron que Dorka, Iloona Joo, Janos Ujvary y otras brujas fueran ejecutadas y sus cuerpos quemados. A causa de su influyente nombre, la condesa Bathóry fue encarcelada bajo arresto domiciliario y encerrada en un conjunto de habitaciones amuralladas.

Los investigadores siguieron recogiendo testimonios de más de 300 testigos de los horrores cometidos por la Condesa de la Sangre, hombres y mujeres que habían visto cómo sus hijas y hermanas eran atraídas o llevadas al castillo. Aunque es posible que nunca se conozca el número exacto de mujeres jóvenes que fueron torturadas, desangradas y asesinadas por Elizabeth Bathóry, el total más aceptado de sus víctimas es de 650.

. . .

El cuerpo de Elizabeth Bathóry fue encontrado el 21 de agosto de 1614, pero se desconoce el día exacto de su muerte, ya que en su celda había varios platos de comida sin tocar. Según los guardias y sirvientes que le llevaban la comida o la visitaban, no pronunció ni una sola palabra.

A punto de cumplir 50 años, la Condesa de la Sangre seguía siendo una mujer extraordinariamente bella.

Vincent Verzini

Los crímenes de Vincent Verzini en Italia se cometieron entre 1867 y 1871. La naturaleza sexual de los actos de este vampiro de 22 años es inconfundible. Se dice que alcanzaba el orgasmo agarrando a su víctima femenina por el cuello y desgarrando su carne con los dientes. Luego procedía a chupar la sangre a través de la herida.

Un día, la guapa Maria Previtali, una prima de 19 años de Verzini, salió al campo a trabajar. De repente, se dio cuenta de que había pisadas distintas a las suyas. Asustada, miró por encima del hombro. Vicente la seguía.

Los pasos de María se aceleraron mientras luchaba contra las oleadas de miedo y pánico.

. . .

Pensó en Johanna Motta, de 14 años, que había sido brutalmente asesinada el diciembre anterior cuando se dirigía a pie a un pueblo cercano.

Recordó cómo se había quedado despierta aquella noche, demasiado asustada para dormir, y cómo escuchó a papá mientras le contaba a su madre lo ocurrido. "Si, mamá", había dicho, con la voz llena de emoción, "su garganta estaba negra y azul, y su boca llena de suciedad. Le habían arrancado toda la ropa y tenía los muslos ensangrentados con marcas de dientes. Le abrieron el vientre y le sacaron las entrañas.

Le habían arrancado las partes que la convierten en mujer".

Con semejante recuerdo, María se estremeció y comenzó a correr.

María recordó a la señora Frigeni, que una mañana había salido a trabajar al campo y, al anochecer, aún no había regresado. Cuando su marido salió a buscarla, encontró su cuerpo desnudo y mutilado. La habían estrangulado con una correa de cuero y le habían arrancado la carne del abdomen.

. . .

María estaba casi sin aliento. No podía correr más. Sus pasos vacilaron y dos poderosas manos la agarraron. Se sintió arrojada al suelo. Unos dedos como bandas de acero se cerraron alrededor de su garganta. Empezó a desmayarse, y el apresurado vampiro relajó su agarre en la garganta.

Inspirando, la valiente muchacha levantó la rodilla y le dio una patada en el estómago a su primo demente. El golpe de María había agotado temporalmente la sed de sangre del vampiro.

Murmuró obscenidades y se alejó por el campo.

María corrió a casa, le contó a su horrorizada madre el ataque de su primo, y fue llevada de inmediato al prefecto del pueblo. Verzini fue arrestado inmediatamente y, tras un largo interrogatorio, hizo una confesión completa y detallada. Fue juzgado, declarado culpable y condenado a cadena perpetua.

El vampirismo de Verzini era la expresión de una profunda enajenación y perversión sexual. En palabras del propio Verzini: Tenía un placer indecible en estrangular a las mujeres, experimentando durante el acto erecciones y un verdadero placer sexual.

· · ·

La sensación de placer mientras las estrangulaba era mucho mayor que la que experimentaba mientras me masturbaba.

Me deleitaba mucho beber la sangre de Motta. También me daba mucho placer arrancar las horquillas del pelo de mis víctimas.

Nunca se me ocurrió tocar o mirar los genitales.... Me satisfacía agarrar a las mujeres por el cuello y chuparles la sangre.

La mujer que coleccionaba ataúdes

Los problemas de Vera Renczi empezaron muy pronto. Nacida en Bucarest, Rumanía, en 1903, en el seno de una familia adinerada con vínculos ancestrales con la nobleza húngara, no tuvo problemas para conseguir todo lo que quería. Su madre murió cuando Vera era sólo una niña, y su padre tuvo la tarea de convertir a una joven temperamental y mimada en una mujer madura.

No tenía ni idea del trabajo que eso podía suponer. Antes de cumplir los quince años, la joven Vera había sido expulsada de un dormitorio de chicos después de medianoche.

. . .

Los intentos del padre de Vera por frenar su radical vida social no tuvieron mucho éxito al principio, pero se felicitó cuando Vera le presentó al hombre con el que dijo que quería casarse.

Su padre aceptó rápidamente, aunque el futuro novio era mucho mayor que Vera.

Vera dio a luz a un hijo, Lorenzo, pero poco después del nacimiento del niño, dijo a los vecinos que temía que su marido la hubiera dejado por otra mujer. Los vecinos se burlaron de las sospechas de Vera. Su marido era conocido como un pilar de la comunidad.

Vera se aferró a su historia, y después de unos meses sin la presencia del marido para negar su infidelidad, todos creyeron que la encantadora y joven madre había sido abandonada. Nadie sospechaba que el hombre yacía en el ataúd número uno del sótano de la casa. Antes de que Vera terminara su extraña colección, habría 35 ataúdes ordenados en filas para que ella los admirara como prueba de su poderoso atractivo sexual para los hombres.

Sin un compañero que la mantuviera en su hogar, Vera vagó por las calles de la ciudad de Berkerekul, amando a docenas de hombres, hasta que finalmente se decidió por Josef Renczi.

Poco después de haber elegido a Renczi como su próximo marido, comunicó a sus amigos y familiares que había recibido la noticia de que su primer marido había muerto en un accidente de coche y que ahora era libre de volver a casarse.

Renczi había buscado emociones, mujeres y excitación por toda Europa, y no tardó en cansarse del mundo ordinario de Berkerekul. Al percibir su espíritu errante, Vera se aseguró de que Josef nunca se alejara de su lado, o al menos de su bodega. Le dio una dosis de veneno y lo vio morir de forma agónica.

A partir de entonces, durante las décadas de 1920 y 1930, Vera Renczi no se molestó en casarse con sus víctimas. Si hubiera elegido a sus parejas temporales en cualquier otro estrato de la sociedad, seguramente habría sido descubierta antes. Pero se contentaba con tener, retener y matar sólo a aquellos cuya presencia no fuera extrañada por los residentes permanentes de la ciudad. De hecho, fue cuando cambió su elección de hombre de mayor calibre cuando fue descubierta.

Invitada a una fiesta en la ciudad, Vera se fijó en un joven banquero, que obviamente estaba muy enamorado de su nueva esposa. Con los celos pasando por el cerebro de Vera, supo que tenía que poseer a ese hombre.

. . .

Después de que le presentaran al apuesto banquero, su sofisticada apariencia se ganó rápidamente su interés. No tardó mucho en aprender las técnicas del amor de una amante muy experimentada.

Para desgracia de Vera, el banquero tenía un fuerte sentimiento de culpa. Cuando su mujer le anunció que estaba embarazada, supo que no podría seguir viendo a su exigente amante. Le hizo una última visita para decirle que su aventura había terminado. La visita fue fatal. Vera ya tenía un ataúd inscrito para él en el sótano. Pero Vera Renczi nunca había tenido que enfrentarse a una esposa decidida. La novia del banquero explicó a la policía que el joven había desaparecido y que había confesado haber tenido una aventura con Vera Renczi. La policía interroga a Vera, pero ésta consigue desviarlos diciendo que no sabe que el hombre está casado. Como la policía no tenía más pruebas, tuvo que abandonar el caso.

Pero la esposa del banquero fue persistente. Husmeó, hizo preguntas y finalmente encontró suficientes pruebas para relacionar a Vera con la desaparición de más de una docena de hombres.

La policía reabrió el caso, y un registro de la casa de los Renczi reveló la increíble cripta del sótano con el cuerpo del joven banquero y más de 30 ataúdes ocupados.

· · ·

En la redada que descubrió este espeluznante secreto, la policía encontró a Vera Renczi sentada entre sus amantes.

La inspección de los ataúdes mostró que uno de ellos contenía el cuerpo de un niño. "Mi hijo", explicó Vera con frialdad. "Me amenazó con exponerme".

Cuando le preguntaron por qué lo hacía, la única explicación de Vera fue que no podía soportar la idea de que sus amantes estuvieran en los brazos de otra mujer, por lo que había logrado mantenerlos "fieles" a ella.

Vera Renczi entró en la cárcel sin sentir ningún remordimiento por sus crímenes; pero unos años después de su encarcelamiento se volvió loca, pasando las noches riendo y hablando con sus amantes muertos. No muchos años después se unió a ellos.

Fritz Haarmann, El vampiro de Hannover

En su obra Perverse Crimes in History, R.E.L. Masters y Eduard Lea identifican a Fritz Haarmann como uno de los vampiros, pero añaden que es "algo más exacto considerarlo como un sádico homosexual y un asesino de la lujuria, y por supuesto como un caníbal".

· · ·

Haarmann ejerció el terror durante al menos seis años (1918-1924) antes de ser detenido por las autoridades. Durante ese tiempo, canibalizó hasta 50 víctimas.

Sin embargo, algunos investigadores señalan la alarmante estadística de que durante ese mismo periodo de tiempo desaparecieron más de 600 niños en Hannover (Alemania), una ciudad de unos 450.000 habitantes.

Algunos de sus analistas y biógrafos póstumos lo han caracterizado como un joven aburrido y estúpido que cumplió varias condenas de cárcel por abuso de menores, exhibición indecente y homosexualidad. Los actos antisociales de Haarmann pasaron de lo insignificante a lo perverso cuando se enamoró de un joven prostituto, Hans Grans.

Haarmann, que entonces tenía más de cuarenta años, había hecho un esfuerzo simbólico para conseguir un empleo remunerado y había abierto una pequeña carnicería y un restaurante. A instancias de Grans, Haarmann atraía a un joven a su tienda, lo dominaba y comenzaba a morder y masticar su garganta. En algunos casos, no cesaba su sangriento ataque hasta que casi se había comido la cabeza del cuerpo.

•   •   •

Una vez que Haarmann había satisfecho su deseo de sangre y carne, el cuerpo de la víctima era descuartizado y convertido en filetes, salchichas y otros cortes de carne. Tanto Haarmann como Grans se alimentaban regularmente de su reserva privada de carne humana. Lo que no comían, Haarmann lo vendía en su carnicería. Sus clientes nunca se preguntaron cómo era posible que su tienda tuviera siempre cortes de carne selectos a la venta cuando la carne fresca escaseaba en otras tiendas de la ciudad.

Cuando salió a la luz la sensacional noticia del vampirismo y la carnicería de Haarmann, es posible que algunos ciudadanos de Hannover se horrorizaran al considerar que al frecuentar su carnicería se habían convertido en caníbales involuntarios.

Tras su condena, a la edad de 46 años, Haarmann fue decapitado con una espada. Su cerebro fue extraído del cráneo y entregado a la Universidad de Gotinga para su estudio.

Beber sangre como éxtasis religioso John Haigh era otro vampiro que justificaba su sed de sangre humana por su fanatismo religioso y una interpretación increíblemente distorsionada de la advertencia del Antiguo Testamento de "beber agua de tu propia cisterna y aguas corrientes de tu propio pozo".

. . .

Por algún extraño proceso de la retorcida mente de Haigh, los pasajes bíblicos se convirtieron en un mandamiento para que empezara a beber su propia orina y sangre.

Único hijo de una piadosa pareja de los Hermanos de Plymouth, el pequeño Johnny había sido un niño devoto hasta que fue abusado sexualmente por un miembro de los Hermanos.

Más tarde, en sus confesiones, Haigh dijo que, poco después de los abusos, empezó a tener sueños de árboles ensangrentados y de hombres extraños que le ofrecían copas de sangre para beber.

Haigh maduró hasta convertirse en un éxtasis religioso bastante ingenioso para algunos fanáticos. El ceremonial de beber sangre inspira a un hombre de negocios que lleva una vida muy tranquila y no violenta hasta que en 1935, a la edad de 25 años, es encarcelado por falsificación.

En 1944, el vampiro probó por primera vez la sangre humana, la suya propia. Tuvo un accidente automovilístico en el que sufrió una herida en el cuero cabelludo que sangró profusamente. La sangre fluyó por su cara y llegó a su boca, creando así una sed posterior que lo llevaría a la horca.

· · ·

Tal vez fue el golpe en la cabeza que acompañó a la herida lo que, de alguna manera, profundizó la psicosis de Haigh. Poco después del incidente, tuvo un sueño que interpretó en el sentido de que su temprano fervor religioso había mermado tanto su fuerza espiritual que sólo podía restablecer sus energías legítimas mediante el consumo regular de sangre humana fresca.

La primera vez que Haigh probó la sangre de otro ser humano fue cuando asesinó a William Donald McSwan, cuando el joven llevó un pinball a su taller para repararlo el 9 de septiembre de 1944. Haigh simplemente tuvo la idea de que necesitaba sangre para beber, así que golpeó a McSwan en la cabeza, le cortó la garganta, recogió el flujo de sangre en una taza y se la bebió.

Se deshizo del cuerpo de McSwan colocándolo en una bañera de ácido sulfúrico.

En consonancia con la tendencia religiosa de su enfermedad, Haigh desarrolló un ritual que generalmente seguía con cada uno de sus asesinatos posteriores. Cortaba la vena yugular de su víctima y luego extraía cuidadosamente la sangre, un vaso cada vez. El hecho de beber el líquido vital se observaba con gran ceremonia. Más tarde, Haigh se convenció de que su fe sólo podía sostenerse con el sacrificio de otros y bebiendo su sangre.

. . .

Con un suministro de ácido sulfúrico a mano, sus cadáveres se transformaban en un lodo que podía verterse en el desagüe de la alcantarilla. Cuando los investigadores de la policía revisaron el taller de Haigh en busca de rastros de los desaparecidos, se descubrieron algunos cálculos biliares humanos en el lodo.

Algunos teóricos se han preguntado si los sentimientos de culpa derivados de su experiencia de abuso homosexual llevaron al impresionable Haigh a ofrecer tan terrible propiciación de sacrificio de sangre. O, tal vez, Haigh pudo haber confundido la intoxicación que supuestamente sentía al beber sangre con el "subidón" que produce el éxtasis religioso.

Por muy fascinantes que sean estas teorías como intentos de arrojar más luz sobre el vampirismo, nunca tendrán respuesta en el caso de John Haigh, ya que sus posteriores testimonios fueron cada vez más confusos hasta que fue condenado a muerte por los asesinatos de nueve víctimas y entregado al verdugo el 6 de abril de 1949.

El inmortal Conde de Saint-Germain

Hoy en día, muchos grupos ocultistas reclaman al Conde de Saint-Germain como su guía espiritual, y sigue siendo popular como mentor espiritual de otras dimensiones de la realidad.

Saint-Germain hablaba y escribía griego, latín, sánscrito, árabe, chino, francés, alemán, inglés, italiano, portugués y español. También era un pintor de talento. Su habilidad para mezclar pigmentos era extraordinaria, y los pintores famosos suplicaban en vano que el conde revelara sus fórmulas. Por si su dominio del pincel y de los pigmentos no fuera suficientemente extraordinario, Saint-Germain era también un consumado virtuoso del clavicordio y del violín.

Evidentemente, dado que afirmaba haber caminado por la Tierra durante 2.000 años, los conocimientos de Saint-Germain sobre la historia eran insuperables. Se refería a una agradable charla con la reina de Saba y relataba divertidas anécdotas de los chismes de la corte babilónica.

Hablaba con reverencia del acontecimiento milagroso que había presenciado en las bodas de Caná, cuando el joven rabino Jesús convirtió el agua en vino.

El notable conde era ante todo un exitoso alquimista, y se rumoreaba que había logrado transformar metales comunes en oro. Podía eliminar los defectos de los diamantes, y de este modo mejoró una de las gemas del rey Luis XV.

. . .

Su formación química superó con creces la de sus contemporáneos del siglo XVIII.

Los miembros de las cortes reales europeas también le oyeron hablar a menudo de un invento que se produciría en el próximo siglo y que uniría a los pueblos de todas las tierras. Lo llamó "barco de vapor" y dio a entender que sería él quien ayudaría en el futuro a crear la nave.

¿Quién era el Conde de Saint-Germain y cuál era su verdadero lugar de origen? Algunos estudiosos han afirmado que se trataba de un inteligente espía en misión secreta que había envuelto deliberadamente su pasado en el misterio.

¿Por qué, se preguntan estos estudiosos, el escéptico rey prusiano Federico promovería tales historias fantásticas del conde a menos que tuviera alguna razón para hacerlo?

Saint-Germain parece traicionarse a sí mismo como diplomático con su asombroso conocimiento del pasado político. Habiendo tenido acceso a los archivos secretos de la corte, podría haber estudiado la historia europea de forma metódica y con un propósito serio. Su amplio abanico de supuestos talentos artísticos puede haber sido exagerado por aquellos que se beneficiarían de las misiones del Conde.

. . .

Los registros antiguos muestran que Saint-Germain murió en brazos de dos camareras en la corte del Landgrave de Hessen-Cassel, un ferviente alquimista. Pero a pesar de su supuesta muerte, hay muchos casos registrados de la reaparición del conde.

Muchos creen que sólo fingió la muerte, como había hecho muchas veces antes, para poder seguir bebiendo a sorbos su elixir de la vida y observar los acontecimientos del mundo desde una perspectiva más tranquila.

Tras la caída de la Bastilla, en julio de 1789, María Antonieta recibió una carta de advertencia supuestamente firmada por el conde de Saint-Germain. Madame Adhemar, confidente de María Antonieta, mantuvo una cita con el Conde en una capilla. Saint-Germain, supuestamente muerto desde hacía cinco años, le dijo que había hecho todo lo posible para impedir la Revolución, pero que el gran mago Cagliostro, antiguo alumno y ferviente antimonárquico, había tomado el control de los acontecimientos. Se dijo además que el Conde de Saint-Germain se mostró muchas veces durante la Revolución Francesa. Se decía que se le había observado a menudo cerca de la guillotina, moviendo tristemente la cabeza.

¿Podría Saint-Germain haber sido realmente un ser parafísico que había sido tomado por un espíritu parásito en la antigüedad?

Muchos afirmaban que Saint-Germain podía hacerse invisible, un logro notable del que se dice que a menudo se ha sido testigo. Además, era un gran hipnotizador y podía caer a voluntad en un estado de autohipnosis.

Desde que escribí por primera vez sobre el Conde en los años 50, he tenido noticias de numerosos individuos que afirman haber encontrado al legendario ser. No me refiero a los miembros de diversas sociedades secretas que afirman que el Conde de Saint-Germain es su maestro, sino a individuos con mentalidad seria, muchos de ellos experimentados investigadores paranormales. Recientemente, algunos investigadores me han dicho que han hablado con el Conde mientras estaba en las sombras y que les prometió volver y darse a conocer más plenamente. Mi consejo es que se extremen las precauciones a la hora de concertar una cita de este tipo.

Como interesante posdata a mi teoría de que el Conde de Saint-Germain habría sido el vampiro perfecto, me enteré de que Chelsea Quinn Yarbo ha escrito una serie de novelas en las que el eterno Conde se mueve en el tiempo como vampiro. Supongo que no era el único que había empezado a sospechar del "hombre que vive eternamente".

4

Chupacabras: un extraño monstruo vampírico

CON SU AFICIÓN a apoderarse de las cabras y chupar su sangre, el Chupacabras fascinó al público en general y creó otro acechador nocturno al que temer cuando salió por primera vez de las sombras en Puerto Rico en el verano de 1995. Desde agosto de 1995 hasta el siglo XXI, se atribuye al monstruo la muerte de miles de animales, desde cabras, conejos y pájaros hasta caballos, ganado y ciervos. Mientras que algunos sostienen que la criatura es un monstruo nuevo, tal vez creado en el laboratorio clandestino de algún científico, otros señalan que tales entidades vampíricas siempre han existido y han sido reportadas por agricultores y aldeanos en Puerto Rico y América Central y del Sur.

Numerosos testigos presenciales han descrito al Chupacabras como un ser erguido sobre poderosas patas de cabra con tres garras. A menudo se describe a la criatura como de algo más de metro y medio de altura, aunque algunos informes indican que mide más de metro y medio.

Su cabeza tiene forma ovalada, con una mandíbula alargada, una boca pequeña y hendida, y colmillos que sobresalen tanto hacia arriba como hacia abajo. Algunos testigos han afirmado haber visto pequeñas orejas puntiagudas en su cabeza de aspecto reptiliano y ojos rojos que brillan amenazadoramente en las sombras.

Aunque sus brazos son delgados, son extremadamente poderosos y terminan en patas de tres garras. El Chupacabras parece tener la capacidad de cambiar de color, aunque la criatura suele tener un fuerte y grueso pelo negro que cubre su torso.

Gracias a una habilidad similar a la del camaleón, la criatura parece ser capaz de alterar su coloración del verde al grisáceo y del marrón claro al negro, dependiendo de la vegetación que la rodea. Otra peculiaridad de la bestia es la hilera de apéndices en forma de colcha que recorre su espina dorsal y la membrana carnosa que se extiende entre estas proyecciones, que pueden flamear o contraerse y también cambiar de color de azul a verde o de rojo a púrpura.

Se ha informado de que el Chupacabras puede volar, pero otros afirman que son las poderosas patas traseras de la bestia las que simplemente lo catapultan por encima de graneros o dependencias de un piso.

· · ·

Son esas mismas patas fuertes las que permiten a la criatura correr a velocidades extremadamente rápidas para escapar de sus perseguidores.

Poco después de que comenzaran los terrores nocturnos en Puerto Rico en 1995, empezaron a aparecer informes sobre Chupacabras en Florida, Texas, México y en los estados sureños de Brasil, São Paulo y Paraná. En Brasil, los ganaderos llamaban al monstruo "O Bicho", la Bestia.

Las descripciones proporcionadas por los aterrorizados testigos oculares también eran las mismas: una criatura reptiliana con brazos delgados, largas garras, poderosas patas traseras y de color gris oscuro.

El 11 de mayo de 1997, el periódico Folha de Londrina, en el estado de Paraná, Brasil, publicó el relato de una matanza ocurrida en un rancho cerca de Campina Grande do Sul, cuando en un solo corral se encontraron 12 ovejas muertas y otras 11 horriblemente mutiladas. Entre abril y septiembre de 2000, más de 800 animales fueron masacrados por el chupasangre en Chile, y algunos testigos de los sangrientos desmanes de la criatura la describieron como un gran roedor, otros como un canguro mutante, y otros la percibieron como un vampiro alado, parecido a un mono.

. . .

Una historia ampliamente difundida afirmaba que los soldados chilenos habían capturado a un chupacabras macho, una hembra y un cachorro que habían estado viviendo en una mina al norte de Calama. Entonces, según el relato, un equipo de científicos de la NASA llegó en un helicóptero negro y recuperó a la familia de Chupacabras. Las criaturas, según la historia, se habían escapado de una instalación secreta de la NASA en el desierto de Atacama, en el norte de Chile, donde la Agencia Espacial de Estados Unidos intentaba crear una especie de seres híbridos que pudieran sobrevivir en Marte.

El 30 de agosto de 2000, Jorge Luis Talavera, un agricultor de la jurisdicción de Malpaisil-lo, Nicaragua, se hartó de las depredaciones nocturnas del Chupacabras. La bestia había chupado la vida de 25 de sus ovejas y 35 del rebaño de su vecino, y él estaba al acecho con el rifle en la mano para esperar su regreso. Aquella noche, Talavera consiguió lo que ningún otro granjero o ganadero enfurecido había podido hacer. Disparó y mató a un Chupacabras.

Scott Corrales, del Instituto de Ufología Hispano, informa que un especialista en medicina veterinaria examinó el cadáver y reconoció que se trataba de una criatura muy poco común, con grandes cavidades oculares, piel lisa parecida a la de un murciélago, grandes garras, grandes dientes y una cresta que sobresalía de la vértebra principal.

· · ·

El especialista dijo que el espécimen podría haber sido un animal híbrido formado por varias especies, creado mediante ingeniería genética.

El 5 de septiembre de 2000, el análisis oficial del cadáver realizado por la facultad de medicina de la universidad fue que Talavera había disparado a un perro. Un furioso Luis Talavera declaró que los funcionarios habían cambiado los cadáveres. "Este no es mi chupa de cabra", se quejó mientras la facultad le devolvía el esqueleto de un perro para que lo eliminara.

Al entrar en el siglo XXI, los informes sobre el Chupacabras continúan sin cesar en casi todos los países de Sudamérica, Puerto Rico y el suroeste de Estados Unidos; y la gente asustada y enfadada se queja de que, sea lo que sea el Chupacabras, sigue chupando la sangre de su ganado.

Chubee: El Chupacabras adolescente

El 13 de junio de 2008, Paul Dale Roberts, un experimentado investigador paranormal, se dirigió a entrevistar a un joven con una reclamación muy extraña. En palabras de Paul: Imet Chubee en un Starbucks del centro.

• • •

Su historia es muy increíble. Su forma de hablar era difícil de entender, porque su lengua está deformada. Me mostró su lengua, y casi parecía tubular. Afirmó que cuando era un Chupacabras, era capaz de inyectar su lengua en la garganta de una cabra y drenar su sangre. Su lengua era su dispositivo de alimentación.

Chubee dijo que es un híbrido. Mitad alienígena gris y mitad humano. Me di cuenta de que sus ojos estaban algo inclinados y eran grandes. Tiene una apariencia inusual.

Afirma que fue criado en una base subterránea en Puerto Rico donde el gobierno está trabajando junto a los Grises para crear un ejército de súper soldados. Me dijo que hay muchas bases secretas subterráneas de este tipo. Los Grises y los científicos militares hicieron experimentos con Chubee, durante los cuales desarrolló un fuerte deseo de sangre. Los militares le permitieron, bajo observación, peinar el paisaje de Puerto Rico en busca de comida.

Chubee dijo que en esa época su piel era escamosa y tenía espinas que iban desde la parte superior de la cabeza hasta la espalda. Podía saltar una gran distancia y cazaba perros, gatos y cabras para beber su sangre. Los militares observaron sus movimientos y mantuvieron un dispositivo de seguimiento sobre él. Utilizaban esta información para evaluar su capacidad de ataque y su agilidad en el campo de batalla.

Chubee dijo que los experimentos que se realizaron con él duraron desde los 12 hasta los 19 años. Afirmó que los militares están experimentando con la manipulación del ADN y que aprendieron estas técnicas de los alienígenas grises.

Chubee fue rechazado de los experimentos militares porque su ADN humano empezó a anular el proceso de manipulación. Sus púas empezaron a caerse, sus escamas se desprendieron y un tejido parecido a la piel humana empezó a extenderse por su cuerpo. Se volvió más humano y su ansia de sangre disminuyó. Su agilidad disminuyó y los militares ya no lo necesitaban. A través de una serie de "deformaciones mentales", los militares consideraron que habían borrado sus años en la base secreta subterránea, y le permitieron entrar en la sociedad con falsos recuerdos de haber sido criado en Puerto Rico por padres normales y haber tenido una infancia normal. Fue constantemente asistido por extraños (que ahora siente que eran los militares) para obtener trabajos, encontrar un apartamento, etc.

Chubee afirmó que era la primera persona que conocía esta historia. Descubrió su vida pasada con los militares y los Grises a través de una serie de sueños. Ahora los sueños han cesado y una avalancha de recuerdos de lo que solía ser ha invadido su conciencia. Chubee, que ahora tiene 23 años, reside en una ciudad del norte de California y se gana la vida conduciendo un camión.

. . .

Afirma que unos amigos le trajeron al norte de California y le encontraron un trabajo como conductor de camiones. Cree que sus "amigos" son miembros del ejército secreto.

Dijo que lo único que quería era contar su historia e informar a la gente de que en nuestro mundo y en el universo ocurren muchas más cosas de las que podemos imaginar.

Bienvenido a la Isla de la Sangre

Nick Redfern dirige la oficina estadounidense del Center for Fortean Zoology, con sede en Gran Bretaña. Sus libros sobre criptozoología y criaturas extrañas incluyen There 's Something in the Woods, Memoirs of a Monster Hunter, Man-Monkey y Three Men Seeking Monsters . Se puede contactar con él en su sitio web: nickred-fern.com. Este es el relato de Nick Redfern sobre su búsqueda del Chupacabras en Puerto Rico.

Para la mayoría de la gente, cualquier mención de la emotiva palabra "Vampiro" evoca invariable e inevitablemente la imagen de (a) los clásicos chupasangres de años pasados representados en la pantalla por personajes como Bela Lugosi y Christopher Lee; o (b) las criaturas nocturnas de piel pálida y vestidas de negro, con las que el mundo de Hollywood parece estar tan obsesionado.

Sin embargo, hay otra raza de vampiros que acecha entre las sombras y los lugares oscuros, y que después de la puesta de sol, sale de su guarida para darse un festín con la sangre de los vivos.

Acecha las selvas, los bosques y las granjas y pueblos aislados de la isla de Puerto Rico. Y provoca un terror absoluto en los corazones de todos aquellos que han tenido la desgracia de cruzarse en su diabólico camino.

Desde al menos mediados de la década de 1990 -pero posiblemente desde mediados de la década de 1970, como se verá en breve- han surgido en la isla historias oscuras y siniestras que hablan de una criatura infernal que vaga por el paisaje en busca de alimento líquido, y que suele describirse como poseedora de un par de ojos rojos y brillantes; manos poderosas, con forma de garras; colmillos afilados como cuchillas; un cuerpo no muy diferente al de un gran mono; y, ocasionalmente, enormes y correosas alas de murciélago. Sí, Puerto Rico y su gente tienen un vampiro entre ellos. Y su nombre es el legendario Chupacabras. El nombre del Chupacabras, un término latino que significa "chupacabras", se debe a su aparente gusto por la sangre fresca de las cabras, por no mencionar la de los cerdos, las gallinas, los perros e incluso las vacas.

Y según algunos rumores muy controvertidos, muy posiblemente también el de las personas.

He estado personalmente en dos expediciones a Puerto Rico, tratando de determinar de una vez por todas la increíble verdad sobre el que bien podría ser el monstruo-vampiro más famoso del mundo. Y puedo decir una cosa con certeza, y sin ninguna duda: ha sido un viaje salvaje, surrealista e infinitamente perturbador de proporciones verdaderamente de montaña rusa.

Mi primer viaje a la isla fue en el verano de 2004 con mi colega criptozoólogo y buen amigo Jonathan, que dirige el Center for Fortean Zoology, con sede en Gran Bretaña, la única organización del mundo dedicada a la caza de monstruos. Durante siete días y seis noches recorrimos las tierras bajas, las tierras altas y casi todo lo demás mientras buscábamos tanto a nuestra monstruosa presa como a aquellos cuyas vidas habían sido afectadas y cambiadas para siempre por su vil presencia.

Una de esas personas era un agricultor llamado Noel, que vivía en un pueblecito en la periferia del extenso bosque tropical de El Yunque y cuya principal fuente de ingresos era la cría de pollos. Mientras Jon y yo estábamos en el patio trasero de la casa de Noel, bajo el calor sofocante del sol del mediodía, nos contó cómo, sólo unos meses antes, se había despertado una mañana con una imagen absolutamente impactante: todas y cada una de sus gallinas estaban muertas en sus jaulas.

. . .

No sólo eso: para su eterno horror, Noel pudo ver dos distintivas marcas de pinchazos en sus cuellos. Y, como pronto demostró un veterinario, sus cuerpos estaban totalmente desangrados.

Noel nos dijo que el incidente le había atormentado para siempre desde aquel fatídico día, y nos deseó lo mejor, y nos aconsejó en voz baja que fuéramos con mucho cuidado, mientras nos dirigíamos en busca de lo desconocido.

En nuestra agenda también figuraba la visita a la casa de un hombre que criaba pavos reales. Él también nos contó que unas semanas antes todas sus preciadas aves habían aparecido sacrificadas de forma idéntica a la descrita por Noel.

En este caso concreto, un representante del Departamento de Defensa Civil de Puerto Rico visitó la casa del hombre y llevó a cabo una investigación en profundidad del incidente. Claramente, el asunto se estaba tomando muy en serio a nivel oficial. No sólo eso: los asesinatos y la carnicería habían dejado una profunda impresión en los vecinos del hombre, y una abrumadora sensación de paranoia y miedo parecía envolver la zona tras la puesta de sol.

Frente a Norka, y mirando con desprecio en su dirección, había una bestia que parecía haber salido de las mismísimas fosas del infierno.

Como en muchos de los informes que descubrimos en el transcurso de nuestra expedición, Norka describió a la bestia con los omnipresentes ojos rojos brillantes, uñas o garras alargadas que se movían ominosamente en su dirección y que parecían poder infligir una enorme cantidad de daño, y unas alas gigantes y membranosas de naturaleza claramente similar a la de un murciélago.

Una petrificada Norka sólo pudo mirar con absoluto miedo cómo los Chupacabras la miraban fijamente, antes de dirigirse de repente hacia las sombras de los espesos árboles que había al lado de la carretera. Temblorosa y aterrorizada, Norka no perdió tiempo en llegar a casa y cerrar todas las puertas. Casi 30 años después de su experiencia, la emoción en su voz mientras nos hablaba era más que evidente, al igual que el miedo a lo que podría seguir acechando en las entrañas de El Yunque hasta el día de hoy.

Por supuesto, una de las preguntas más importantes a las que nos enfrentamos Jon y yo era: ¿en qué parte de la isla podría encontrarse la bestia chupasangre? Una y otra vez, nos contaron historias de avistamientos del Chupacabras cerca de muchas de las grandes cuevas, cavernas y sistemas de túneles naturales que se pueden encontrar por todo Puerto Rico.

Así fue como nos embarcamos en una ambiciosa operación para investigar algunos de estos oscuros y misteriosos lugares subterráneos. Y, ciertamente, después de hacerlo, sólo pudimos concluir que, si el Chupacabras deseaba ocultar cuidadosamente su presencia, tales lugares subterráneos proporcionarían a la bestia los escondites perfectos.

Tal vez las historias más inquietantes que conocimos durante esa extraña semana en Puerto Rico vinieron de varios campesinos que nos contaron, de forma bastante independiente, que habían oído historias y rumores sobre dos turistas estadounidenses cuyos cadáveres, al parecer, fueron encontrados en el bosque tropical de El Yunque a principios de 1997 con la garganta arrancada y, de nuevo, con los cadáveres desangrados.

Por mucho que lo intentáramos, Jon y yo nunca pudimos verificar estos rumores; sin embargo, esto no nos sorprendió, ya que también nos informaron de que las autoridades locales habían puesto en marcha un encubrimiento eficaz para evitar que cundiera el pánico en todo Puerto Rico.

Pero era ciertamente aleccionador e inquietante pensar en la posibilidad de que, además de centrar sus ataques en los animales de la isla, el Chupacabras considerara ocasionalmente que la sangre humana era también una delicia. "Tal vez", le dije a Jon con total seriedad, "deberíamos haber traído un abundante suministro de estacas de madera y ajo". Asintió con gravedad y continuamos nuestra búsqueda.

. . .

Al final de la semana, habíamos entrevistado a unas 15 o más personas, desde agricultores hasta empleados de Defensa Civil, y desde agentes de policía hasta miembros del público. Todos fueron absolutamente unánimes en sus conclusiones y opiniones: el Chupacabras era muy real y de naturaleza totalmente mortal. Cuando volé de vuelta a Estados Unidos una semana después de nuestra llegada, tomé nota mental de volver a Puerto Rico lo antes posible, lo que hice, poco más de 12 meses después, con el investigador y cineasta canadiense Paul Kimball.

Uno de los aspectos más destacados de este viaje fue el descubrimiento de varias historias relacionadas con actividades de magia negra y toda una serie de ritos y rituales oscuros que, según se decía, se utilizaban en las profundidades de la selva tropical de El Yunque para, literalmente, invocar al Chupacabras desde algún horrible mundo subterráneo. De hecho, la posibilidad de que el vampiro puertorriqueño tuviera un origen paranormal o sobrenatural era considerada con un alto grado de seriedad y gran preocupación por muchos de los habitantes de la isla.

Mi siguiente experiencia con el Departamento de Defensa Civil también resultó ser muy valiosa.

Miguel había trabajado con el CDD en varias investigaciones sobre el Chupacabras en la década de 1990 y, al igual que el año anterior, me contó una historia tras otra de cómo se había encontrado con varios incidentes que tenían todas las características clásicas del vampirismo definitivo. Sin duda, lo más destacado para mí fue la historia de Pucho, que vivía en un pequeño pueblo cerca de El Yunque.

Una noche de febrero de 2005, Pucho declaró, mientras charlabamos cerca de su casa, que pasaba por delante de un lugar de culto del pueblo -conocido como la Iglesia de los Reyes Magos- cuando se sintió profundamente sorprendido por lo que describió como un "fuerte rugido" procedente del corazón de los densos árboles que se encontraban junto a la iglesia.

Sin previo aviso, una gran bestia alada que, según me dijeron, era en parte pájaro y en parte murciélago, surgió del follaje y surcó los cielos, deslizándose silenciosamente por la ladera de la colina que se encontraba en el lado opuesto de la iglesia, en dirección a una granja cercana.

Curiosamente, añadió Pucho, varios días después la granja en cuestión fue golpeada, durante la madrugada, por una serie de horribles ataques que dejaron innumerables cabezas de ganado muertas, heridas y violentamente mutiladas. Una vez más, el chupasangre de la noche de Puerto Rico había atacado, y de forma devastadora.

· · ·

Después de haber viajado mucho por la isla de Puerto Rico en busca de su propio vampiro, a menudo me piden mis opiniones y pensamientos sobre lo que está, o puede estar, ocurriendo. Es cierto que hacer una identificación absoluta y positiva del Chupacabras es algo que, desgraciadamente, todavía me frustra, tengo que confesarlo. Sin embargo, puedo decir que la bestia no es un mito, un engaño o una atracción turística creada cínicamente.

Más bien, algo muy extraño, muy escurridizo, aparentemente astutamente inteligente y totalmente letal anda suelto por la isla.

Sus señas de identidad (a) dos pinchazos en la vena yugular y (b) cuerpos completamente desangrados me convencen de que se trata de una entidad muy real, de carne y hueso. Pero si la criatura es alguna forma de murciélago vampiro gigante -como me sugirieron varias fuentes-, una criatura de origen definitivamente extraterrestre -como también se ofreció repetidamente como teoría- o algo mucho más extraño que bien puede haber sido conjurado a través de ritos y rituales antiguos y arcaicos de un reino de la existencia muy diferente al nuestro, admito libremente que no lo sé.

Pero, de una cosa estoy absolutamente seguro: como uno de nuestros entrevistados nos dijo concisamente a Jon Downes y a mí en el verano de 2004, "Puerto Rico tiene vampiros".

· · ·

Y, si alguna vez viajan a la isla y se atreven a buscar a la bestia de pesadilla por sí mismos, espero que recuerden esa afirmación, y consideren llevar consigo una o dos estacas de madera de confianza, y quizás incluso varios dientes de ajo.

Es mucho mejor prevenir que lamentar, e infinitamente más preferible ser el cazador en lugar de la presa.

5

Los vampiros reales entran en la era contemporánea

MIENTRAS QUE UN amplio público de aficionados a los vampiros encuentra el simbolismo sexual sensualmente atractivo cuando observan a un sofisticado Conde Drácula o a un eternamente joven galán salir de las sombras y morder suavemente las gargantas desnudas de sus bellas víctimas, los sangrientos relatos de los vampiros de la vida real revelan que rara vez actúan con tanta dignidad y gracia.

El Vampiro de Sacramento

A Richard Trenton Chase siempre le perseguía un demonio u otro. Desde su nacimiento, el 23 de mayo de 1950, parecía que Richard había nacido bajo una estrella de mala suerte. De niño era un iniciador de incendios y un asesino de animales pequeños.

. . .

Cuando era adolescente, a menudo se asustaba porque pensaba que su corazón había dejado de latir. En algunos casos, estaba convencido de que alguien le había robado la arteria pulmonar.

Como creía que sus huesos craneales se movían, se afeitaba la cabeza para poder observarlos, y luego sostenía naranjas sobre su cráneo desnudo para absorber la vitamina C directamente en su cerebro en un esfuerzo por combatir la separación.

Cuando empezó el instituto, Chase sintió que tenía pruebas de que un sindicato del crimen nazi le había tomado como objetivo y estaba pagando a su madre para que le envenenara con un producto químico que convertía su sangre en polvo. Como antídoto para que su sangre siguiera fluyendo y su corazón latiendo, Chase empezó a matar y destripar pequeños animales, a mezclar sus órganos con Coca-Cola en una batidora y a beberse la poción.

En 1975, tras inyectarse sangre de conejo en las venas y desarrollar una intoxicación sanguínea, Chase fue internado en un manicomio. De alguna manera, según supo el personal del hospital, Richard era capaz de capturar pequeños pájaros que se posaban en el alféizar de su ventana y comérselos.

. . .

Después de que lo encontraran con la cara manchada de sangre varias veces, el personal empezó a referirse a él como "Drácula".

Chase fue entregado a su madre en 1976 con una receta de un medicamento antipsicótico que debía tomar regularmente. El personal del hospital había decidido que "Drácula" no suponía realmente una amenaza para la sociedad en general, y su madre decidió que su hijo no necesitaba realmente la medicación prescrita por los médicos del manicomio.

A mediados de 1977, Chase fue detenido por un agente de la tribu mientras deambulaba desnudo por una reserva de la zona del lago Tahoe. El joven despertó inmediatamente sospechas porque su camisa estaba empapada de sangre y llevaba en su Ford Ranchero un cubo de sangre con un hígado dentro.

Por desgracia para sus futuras víctimas, Richard convenció a las autoridades de que había estado cazando y que la sangre era la de un animal. En esta ocasión, parece que la sangre no era el fluido vital de una víctima humana, y en el primer asesinato que Chase cometió, tendría cuidado de no mancharse de sangre. El 29 de diciembre de 1977, mató a Ambrose Griffin, de 51 años, en un tiroteo desde un coche.

. . .

Aproximadamente un mes después, el 21 de enero de 1978, Chase disparó tres veces a Teresa Wallin, de 22 años, y arrastró su cuerpo hasta el dormitorio de su casa, donde la apuñaló repetidamente, se manchó las manos y la cara con su sangre y utilizó un vaso de yogur para beber. Arrastró su cuerpo hasta el dormitorio de su casa, donde la apuñaló repetidamente, se untó las manos y la cara con su sangre y utilizó un vaso de yogur para recoger parte de su sangre y beberla. Dos días después, Chase compró dos cachorros a un vecino, los mató y se bebió su sangre. Decidió que la sangre de los animales no le proporcionaba la satisfacción que obtenía al beber sangre humana.

El 27 de enero, Chase entró en la casa de Evelyn Miroth, de 38 años, que estaba cuidando a su sobrino de 22 meses, David. Su amigo Danny Meredith, de 51 años, había venido a hacerle compañía. El hijo de Evelyn, Jason, de 6 años, se preparaba para salir de casa e ir a jugar a casa de un amigo.

En cuestión de minutos, Chase había matado a los cuatro.

Chase disparó a Meredith y a Jason en la cabeza y luego obligó a Miroth a entrar en el dormitorio, donde la apuñaló varias veces. Una vez muerta, practicó la necrofilia con su cadáver. También extrajo varios órganos de su cuerpo y del de Jason y bebió la sangre de sus víctimas en una taza.

· · ·

Mientras practicaba el canibalismo con Miroth, Chase se vio sorprendido por unos golpes en la puerta. Era el amigo de Jason, que venía a comprobar por qué no había acudido a su casa como había prometido. Cuando los vecinos se dieron cuenta de que nadie respondía en la residencia de los Miroth, empezaron a sospechar, sabiendo muy bien que la familia estaba en casa. Mientras alguien llamaba a la policía para que investigara, Chase se dio a la fuga.

Los agentes que investigaban se sorprendieron al descubrir una morgue (un depósito de cadáveres) en la residencia de los Miroth. La carnicería de la inocente madre y su hijo les dio asco. No fue hasta que Karen Ferreira llegó preguntando por su hijo David cuando los investigadores de la escena del crimen se encontraron con el horror de que el monstruo que había matado a tres personas en la casa se había llevado a un bebé. Un agujero de bala en la almohada de la cuna evidenciaba de forma muda que el pequeño David había sido asesinado antes de que su cuerpo fuera robado.

En medio de la terrible víscera que había por todas partes en la casa, los forenses descubrieron que Richard Trenton Chase había dejado perfectas huellas de manos en sangre en varios lugares de la casa. Cuando la policía allanó la casa de Chase, se sintió aún más asqueada al descubrir que el vampiro ya se había comido varios órganos internos del bebé . También era evidente que había llevado a su casa una cantidad de sangre para beber a su antojo.

Los agentes dijeron después que el olor nauseabundo y pútrido de la residencia de Chase era abrumador. Casi todo en su casa estaba manchado de sangre.

Los platos, los vasos y los utensilios para comer estaban llenos de sangre coagulada. Al abrir la puerta del frigorífico, se horrorizaron al encontrar los platos llenos de partes de cuerpos. Una batidora eléctrica situada en la encimera de la cocina estaba manchada y obstruida por la podredumbre. Había numerosos collares de perro esparcidos por varias habitaciones, pero ni rastro de mascotas vivas.

El cuerpo del pequeño David no se encontró hasta el 24 de marzo, cuando un conserje de la iglesia vio una caja entre otros objetos almacenados que no reconoció. Se sorprendió al abrirla y descubrir los restos de un bebé varón. Chase fue examinado posteriormente por una docena de psiquiatras.

Sólo una vez admitió que le perturbaba matar a sus víctimas, pero sólo porque le preocupaba que sus espíritus pudieran volver a perseguirle. No parecía sentirse realmente culpable por lo que había hecho. Simplemente necesitaba sangre humana para combatir las numerosas aflicciones que padecía. Beber sangre era terapéutico.

El largo historial de enfermedades mentales de Chase indicaba que ninguno de los asesinatos fue premeditado.

El 8 de mayo, el jurado rechazó el argumento de que Chase era inocente por razón de demencia y lo declaró culpable de seis cargos de asesinato en primer grado. Sólo tardaron cuatro horas en decidir que Richard Trenton Chase debía morir en la cámara de gas de la penitenciaría de San Quintín. El 26 de diciembre de 1980, un guardia de la prisión encontró a Chase muerto en su cama. El Vampiro de Sacramento se había quitado la vida a pocos días de cumplirse el tercer aniversario de su matanza. El forense determinó que Chase había estado acumulando su dosis diaria de Sinequan, un medicamento para combatir la depresión y las alucinaciones, y que había sufrido una sobredosis.

Vampiros reales y orgullosos de serlo

Cuando fue detenido en 1977 por la muerte de seis víctimas y las heridas de otras siete personas, David "Hijo de Sam" Berkowitz dijo a los investigadores que no sólo recibía órdenes de una entidad de 6.000 años de antigüedad que le transmitía órdenes a través del perro de su vecino, sino que también afirmaba que había sido envenenado por demonios chupasangre.

El asesino en serie Ted Bundy admitió durante su juicio en junio de 1979 que había mordido a sus víctimas, y admitió que se sentía como un vampiro.

. . .

En octubre de 1981, James P. Riva II fue condenado en Brockton, Massachusetts, por asesinar a su abuela y beber su sangre de los agujeros de bala hechos por "balas de oro". Las "voces" le habían dicho a James que era un vampiro y que debía darse un festín de sangre humana.

En febrero de 1991, la amante lesbiana de un vampiro fue declarada culpable de asesinato en un juicio en Australia. Tras deliberar durante 48 horas, el jurado condenó a Annette Hall por el asesinato de Charles Reilly en un suburbio costero y la condenó a cadena perpetua. Según su propio testimonio, la Sra. Hall declaró que había acechado y matado a Reilly para que su amante vampiro, Susi Hampton, pudiera beber su sangre. Describió con detalle cómo su novia lesbiana entró en un "frenesí alimenticio" después de que Reilly fuera apuñalado más de una docena de veces. La Sra. Hampton, una vampiresa confesa que vivía de la sangre humana, se había declarado previamente culpable y había sido condenada a cadena perpetua.

Sean Sellers, el niño diabólico

Cuando tenía 13 años, Sean Sellers, autoproclamado "niño diabólico", hizo un pacto con el diablo y lo selló bebiendo su propia sangre. Desde entonces, guardaba un frasco con su sangre en la nevera, escondido detrás de los huevos. Más tarde dijo a las autoridades que bebía mucha sangre, como un vampiro.

Ese mismo año, cuando se trasladó con su madre y su padrastro, Vonda y Lee Bellofatto, de vuelta a Oklahoma desde Greeley (Colorado), Sean empezó a celebrar rituales nocturnos y a invitar a los demonios a poseer su cuerpo. Al cabo de un tiempo, los demonios lo rebautizaron como "Ezurate" y le dijeron que su poder aumentaría si mataba a alguien.

El domingo 8 de septiembre de 1985, en algún momento después de la medianoche, Sean/Ezurate entró en el Circle K de Council Road y la calle 122 en Oklahoma City, y eligió a su primera víctima, Robert Bower, un empleado nocturno de 36 años. Aunque la primera bala del 38 del adolescente atravesó la cara de Bower, no lo mató. Un segundo disparo no alcanzó al aterrorizado hombre por completo, y Bower salió corriendo hacia la parte trasera de la tienda.

Con la esperanza de encerrarse en el baño para escapar de su atacante, una tercera bala penetró en su caja torácica y resultó ser una herida mortal.

Al principio, los agentes encargados de la investigación supusieron que se trataba de otro caso de robo que había salido mal, con el trágico resultado del asesinato del empleado nocturno.

. . .

Entonces se dieron cuenta de que la caja registradora no había sido tocada. ¿Podría Bower, un vagabundo de Ohio que llevaba menos de tres meses trabajando en la tienda, haber sido víctima de una venganza? ¿O había sido víctima de algún psicópata violento?

Nadie, en el momento del asesinato de Bower, podría haber sospechado que el brillante y malhumorado estudiante, que escribía extrañas redacciones para su clase de inglés sobre ser tocado por el Mundo de las Tinieblas, podría ser ese psicópata. Sean también escribió que el mal le había enseñado el bien, que después de la visita del Dragón el amor que había sentido por todos se había convertido en odio. Sean también proclamó que podía matar sin remordimientos y que se había convertido en Ezurate.

Aunque varios de los profesores de Sean se dieron cuenta de que experimentaba cambios de humor, la tontería de que el adolescente se había fusionado con un demonio llamado Ezurate parecía bastante descabellada para Oklahoma. Tras varias discusiones, los profesores desecharon su preocupación cuando se enteraron de que numerosos alumnos, incluido Sean, estaban aparentemente obsesionados con el popular juego "Dragones y Mazmorras".

Unos minutos antes de la medianoche del 14 de marzo de 1986, Sean se desnudó hasta quedar en ropa interior negra y llevó a cabo un ritual demoníaco mientras sus padres dormían a una habitación de distancia. Entonces, según contó más tarde a los investigadores de la policía, la temperatura de su habitación bajó repentinamente 10 grados. Unos dedos afilados y con garras tocaron su carne y se vio rodeado de demonios que volaban a su alrededor en una extraña especie de niebla. En los momentos siguientes, Sean entró en la habitación de sus padres y les disparó a ambos en la cabeza. Quería de verdad a sus padres, insistió, pero se rió de la sangre que manaba de sus heridas.

El 2 de octubre de 1986, Sean Sellers fue condenado por asesinato en primer grado. Con 15 años, se convirtió en el preso más joven del corredor de la muerte de Oklahoma.

Una extraña fiesta con invitados de otro mundo

A principios de febrero de 2008, Kyle se encontró en una fiesta de lo más inusual y el recuerdo le persigue desde entonces. Aunque Kyle admite que había tomado algunas drogas antes de esa noche, insiste en que la experiencia ocurrió libre de cualquier sustancia que pudiera haber ingerido. Kyle cuenta su historia de la siguiente manera.

A principios de la semana, mi compañero de laboratorio, Will, me invitó a una fiesta.

. . .

La noche de la fiesta, estaba de pie fuera, en el porche del apartamento, cuando empecé a sentir unas manos invisibles que palpaban todos mis bolsillos. También vi que mi chaqueta se movía como si hubiera algo moviéndola a mi alrededor. Las "manos" empezaron entonces a palpar mis genitales. Inmediatamente dije: "Vaya, hay que parar eso".

Un tipo de la fiesta que ni siquiera estaba cerca de mí dijo: "Vale, ya paro".

Fue muy extraño. No tenía miedo. Pensaba: "Vaya, ¿son estos unos magos o algo más?"

También jugamos una partida de beer pong en la que ocurrieron cosas raras. En primer lugar, llenábamos los vasos con una jarra de cerveza, pero por alguna razón, la mesa siempre estaba limpia y seca. Incluso cuando sabía que tenía que haber un poco de cerveza derramada alrededor.

El juego de beer pong que jugamos esa noche tenía reglas que estaban a otro nivel. Algunas personas de la fiesta tenían poderes increíbles. Una vez, cuando lancé la pelota, entró directamente en el vaso. Uno de los chicos me dio otra pelota y me dijo "lánzala", y entró en el vaso de forma casi irreal.

· · ·

Cuando la bebida fluye, una fiesta puede volverse bastante extraña, pero Kyle se encontró en medio de la fiesta más espeluznante de su vida.

Dije: "Esto ya no es divertido si la pelota entra siempre". Alguien me dio otra pelota y dijo: "Inténtalo de nuevo". Lancé la pelota, y falló horriblemente, como si alguien hubiera hecho que sucediera. Un tipo llamado Brandon dijo algo así como: "Las cosas no son siempre lo que parecen".

Le pedí a la gente de la fiesta que me explicara estas cosas. Will me dijo "déjalo para la gente que sabe más que tú". Alguien llamado Carlos me transmitió un pensamiento que sólo puedo describir como un caos y una confusión totales.

Luego me dijo: "Ves, es inexplicable".

Desde que entré en el apartamento donde se celebraba la fiesta, casi siempre tenía la sensación de manos calientes sobre mi cuerpo y mis genitales. El grupo quería que tuviera sexo con una de las chicas. Otro de los chicos allí presentes, que parecía y actuaba como gay, intentó seducirme.

Había algunas chicas de aspecto muy joven por las que me sentía muy atraído, pero cuando entraban en la habitación e intentaban seducirme, había algo que no encajaba. También durante este tiempo, fui bombardeado con pensamientos e ideas que se sentían implantados en mi mente.

Algunos de ellos eran bromas, comentarios y cosas por el estilo.

También sentía que estaba bajo el control de otras mentes. Un pensamiento común que se implantaría sería algún tipo de rompecabezas mental. El resultado final de esto siempre sería "Brandon es el hombre". Yo miraba a Brandon y chocábamos los puños. En otra ocasión, yo estaba de pie fuera en el porche y Brandon salió de allí. Un trozo de papel pegado a la barandilla se incendió. Miré a Brandon y tenía las manos rojas y brillantes o una llama en la mano. Me di cuenta de que fue él quien creó el fuego. También hizo que algunas botellas de licor que estaban en un estante empezaran a brillar en rojo.

Durante este mismo tiempo, ponía mi encendedor en el bolsillo o lo sacaba sólo para que desapareciera por completo. Quería encender mi pipa, buscaba el encendedor en mis bolsillos y ya no estaba. Vi un mechero sobre una mesa que pensé en coger para encender mi pipa. Un bromista (que creo que era Brandon), seguía subiendo la llama para que me chamuscara las cejas cuando intentaba encender la pipa. Esta broma me la hicieron más de una vez.

. . .

En ningún momento de la noche tuve realmente sexo. No estoy muy segura, pero creo que estaba luchando inconscientemente contra la tentación. Todos estos acontecimientos no me asustaron demasiado, porque sentí que no podía hacer nada al respecto. Sentía que sólo estaba allí por la experiencia, y que tenía que dejar la fe en manos de un poder superior.

A lo largo de la noche, parecía que la gente -totalmente desconocida para mí- sabía cosas de mi pasado que sacaban a relucir para conseguir mi reacción. Sentí que podían leer mis pensamientos, que sabían cosas sobre mí que otras personas no sabían. Podían transmitir pensamientos e ideas en mi mente. La música que se escuchaba en esa fiesta era algo que nunca había oído antes. El baile que presencié era algo que nunca había visto antes. El tiempo parecía alterado. Siento que estos individuos eran seres de otro mundo. Se sentían casi como dioses, ya que podían manipular objetos y demostrar libremente sus habilidades psíquicas.

En un momento dado, una chica me preguntó si creía en Dios. Le contesté que no, que era realista (mi clase de biología de entonces me tenía convencido de que no había nada más en el mundo). Me chocó los cinco. El chico gay me dijo: "Satanás vive aquí", y señaló un pentagrama dibujado en la pared.

. . .

En broma, dije algo así como: "Amo a Satanás". Me parece muy incómodo ahora que lo pienso.

En un momento dado fui poseído y animado a derribar una puerta de la casa. Este suceso hizo que me expulsaran de la fiesta y me echaran al frío.

Intenté dormir en mi coche y fracasé, sólo para volver a casa sobre las cinco de la mañana. El año pasado lo pasé mal. Casi a diario desde el suceso, me he cuestionado mi cordura, si los acontecimientos que viví en la fiesta fueron reales. He llegado a la conclusión de que realmente sucedieron.

Enfrentarse a un vampiro real en el castillo

Dos corresponsales míos, Azrahn y Annie, me contaron cómo el 7 de septiembre de 1995, cuando estaban de fiesta en Ybor City, el barrio latino de Tampa, conocieron a un "vampiro de buena fe". Azrahn admitió que esa noche hizo una pequeña travesura. Mide 1,80 metros, tiene el pelo largo y desordenado, y esa noche iba vestido con una gabardina de cuero negro, llevaba delineador de ojos negro y lucía una garra metálica en el brazo izquierdo. Los que conocen a Azrahn saben que es un gigante amable y completamente inofensivo en condiciones normales.

. . .

Pero tiene un poco de mal genio y esa noche se deleitaba en "asustar" a los predicadores ambulantes de las esquinas.

"Sólo me divertía", dijo, "sabiendo lo inofensivo que soy en general. La ironía fue que los mensajes de los predicadores incluían que no debíamos juzgar a los demás, y sin embargo los aterroricé con mi presencia."

Después de cansarse de tanta travesura, Azrahn y Annie, junto con un par de amigos, decidieron ir al "Castillo". "El Castillo, en Ybor, era una estructura de viviendas góticas en medio de todo tipo de edificios modernos", explicó Azrahn.

"Estoy seguro de que a estas alturas ha sido juzgado como una espina en el costado de la toma de posesión corporativa de Ybor City y ha sido derribado. Pero cuando esta experiencia nos ocurrió a Annie y a mí, todo estaba derruido por todas partes. La franja principal, a una manzana de distancia, estaba bloqueada al tráfico, y los fiesteros y los amantes de los bares podían arrancar sin preocuparse de ser atropellados por el tráfico".

En primer lugar, escucharemos el recuerdo de Azrahn sobre el extraño encuentro de aquella noche. Cuando Annie y yo entramos en el castillo, me invadió una sensación inquietante.

. . .

Algo extraño había entrado en el lugar, y mientras buscaba el origen de la perturbación me encontré con un extraño hombre de complexión media.

Mientras lo observaba, empecé a seguirlo a distancia por la inmensa pista de baile y las zonas sociales del castillo. Tuve un presentimiento muy terrible sobre este individuo.

A los pocos minutos, se detuvo y miró a su alrededor. Sabía que alguien le estaba acechando. Se dio la vuelta, me miró fijamente y esbozó una sonrisa imponente. Con un gesto estratégico, se dio la vuelta y desapareció ante mis ojos. Di un paso atrás. La energía de la sala no había cambiado, así que miré a mi alrededor para ver si podía encontrarlo.

Lo hice. Estaba de pie al lado de una enorme pantalla que mostraba vídeos proyectados desde el otro lado de la sala. Pasar instantáneamente de un lado a otro de la pista de baile era una maniobra imposible en las mejores circunstancias, y menos aún en medio de una multitud de borrachos en pleno baile.

Retomé la persecución. Miró hacia mí, molesto, y se alejó corriendo. Lo encontré de nuevo al otro lado de la barra, en una mesa, unos diez segundos después. Ahora estaba obsesionado con lo que estaba viendo. Quería conocer a esa cosa y saber a qué me enfrentaba.

Al acercarme a él, sentí un calor interior que nunca antes había sentido, y me invadió una ira intensa. Me detuve y volvimos a establecer contacto visual.

Annie también estaba sobre él. Ella estaba aterrorizada, pero yo tenía curiosidad. Lo perdí una vez más, pero la energía había cambiado y se había calmado. Al instante miré hacia la puerta y me dirigí a las escaleras que bajaban al vestíbulo y a las calles de Ybor City. Había un paseo bordeado de árboles, con un aspecto muy de la leyenda de Sleepy Hollow, y una vez más fue aquí donde seguí su rastro.

A medida que me acercaba, vi que sus ropas negras se tambaleaban, y volvió a desaparecer.

Cuando llegué a la mitad del camino bordeado de árboles, oí en mi interior una voz que hablaba en tono siniestro: "¿No es maravilloso cómo el cazador se convierte en cazado aquí en las calles?"

Me puse a sudar. Era la primera vez que pensaba en lo que estaba haciendo. Pero mi curiosidad me superó una vez más. El sonido -aunque proveniente del interior- llegó desde arriba de mí. Miré y vi la figura que había estado persiguiendo. "Se aconseja no ver mi cara".

. . .

A estas alturas ya habíamos coincidido dos veces, pero no tenía una imagen clara de la cara de la criatura. Me pareció extraño, pero no me llamó la atención más allá de las otras rarezas que se iban acumulando a medida que pasaban los minutos. Me di la vuelta. De nuevo había desaparecido.

Al día siguiente los periódicos informaron de que había dos chicas asesinadas en Ybor City.

Estoy bastante seguro de que esa cosa que estaba siguiendo era el culpable. Los acontecimientos de esa noche fue una de las pocas veces que me aterrorizó un encuentro con lo desconocido.

Unos ocho meses después de este incidente, me diagnosticaron un linfoma de Hodgkin. Entonces comprendí lo que el ser había querido decir sobre que mi sangre estaba contaminada.

Esto es lo que Annie recuerda de aquel extraño encuentro nocturno con un vampiro.

El tipo del Castillo nos estuvo observando durante bastante tiempo antes de que Azrahn se fijara en él. Lo vi sentado junto a la ventana en la esquina de la pequeña sala con el bar.

Yo estaba en la barra pidiendo un Amaretto y Darcy estaba conmigo. No estoy seguro de por qué el hombre estaba tan intrigado con nosotros, pero era extraña la forma en que nos miraba.

Después de que Darcy y yo tomáramos nuestros tragos, levanté la vista y él se había ido. No estaba seguro de cómo había pasado por delante de nosotros sin que me diera cuenta, porque el bar estaba justo al lado de la salida. No mucho después, recuerdo que Azrahn se acercó a mí y lo señaló en la otra sala.

Fue entonces cuando le dije que ya sabía de él. Parecía que siempre estaba allí. Un minuto en la pista de baile, el siguiente en una ventana, el siguiente en un sofá, en una esquina, y así sucesivamente.

Sí, decir que me sacudió fue un eufemismo. Sé que hay mucha gente interesante que va al Castillo y estoy lejos de juzgarla, pero ese tipo realmente me afectó. Su mirada era penetrante.

Casi se podía sentir en el fondo del alma.

Lo siguiente que supe fue que Azrahn estaba prácticamente corriendo fuera del Castillo, bajando las escaleras.

Cogí a Darcy y fui tras él. Encontré a Azrahn apareciendo aturdido en una de las aceras, mirando frenéticamente a su alrededor. Sólo habían pasado un par de minutos desde que bajó corriendo las escaleras. Darcy y yo volvimos a ver al tipo raro, cerca de la calle, pero luego, como en el Castillo, desapareció. Darcy dijo que no debíamos seguirlo porque era espeluznante.

Azrahn no escuchó a Darcy y continuó tras el tipo. Seguí a Azrahn y al tipo misterioso. Recuerdo haber visto brevemente al hombre que seguíamos, porque sus ropas oscuras destacaban entre la multitud de la calle. La energía que desprendía era suficiente para derribar a alguien, y no parecía buena.

Pareció mezclarse con el resto de la multitud y no volví a verlo. Sin embargo, las sensaciones seguían ahí. Era extremadamente espeluznante y casi surrealista. Me sentí como si estuviéramos en una película o algo así. Cuando volví a mirar a Azrahn, le vi con el predicador y parecía que le estaba ayudando. No estaba seguro de lo que le ocurría a Azrahn en ese momento, porque el hombre de la ropa oscura me tenía cautivado. Él era todo lo que estaba en mi mente en ese momento.

Me sentí mal cuando Azrahn se derrumbó. Lamento no haber estado allí para levantarlo. Pero tuvimos una interesante conversación de camino a casa.

Me alegro de haber tomado sólo una copa esa noche.

No podría imaginarme haber bebido más y ver todo lo que
vimos.

6

Vampirismo clínico

JUSTO ANTES DE la Navidad de 2004, un hombre abordó a una familia en las calles de Birmingham (Inglaterra) y mordió a los tres miembros en el cuello, las manos o los brazos antes de huir del lugar. El extraño incidente alimentó el temor de que un vampiro enloquecido acechara las calles de la ciudad, y hubo numerosos informes de ataques vampíricos aleatorios antes de que la policía detuviera a un hombre que creía responsable de los ataques.

En marzo de 2005, Diana Semenuha, de 29 años, atrajo a niños de la calle a su casa de Odessa con la promesa de un lugar limpio para dormir y comida caliente. A cambio, Diana se bebía su sangre. Olga Buravceva, portavoz de la policía de Odessa, recibió un chivatazo de que una vampiresa extraía sangre de los niños de la calle y los dejaba en el frío cuando había terminado con ellos.

. . .

Diana Semenuha creía que la ingesta de sangre humana podía curarla de una enfermedad que le producía desgaste muscular. La sangre que no utilizaba para sus propios fines la vendía a los practicantes de magia negra.

Cuando la policía allanó el apartamento de Semenuha, encontró a siete niños atados a camas y bancos. Las ventanas estaban cubiertas con gruesas cortinas negras y la única luz provenía de velas negras. El aire de las habitaciones desprendía un fuerte olor a incienso. Había símbolos satánicos por todo el apartamento, y un gran cuchillo negro descansaba junto a la copa de plata en la que el vampiro había bebido la sangre de los niños de la calle.

En septiembre de 2001, Matthew Hardman, de 17 años, pasó varias horas hablando de vampiros, de la vida después de la muerte y de lo paranormal con una estudiante alemana de intercambio, también de 17 años. Hardman se había fijado en la chica, que vivía en la misma pensión del norte de Gales que algunos de sus amigos, y se sintió atraído por ella por una razón muy importante.

Se dio cuenta de que era un vampiro. No había que confundir las señales. "Sé que eres uno de ellos", dijo. "Por favor, muérdeme en el cuello para que me convierta en uno de vosotros". La chica se sobresaltó. La conversación había pasado de la moda gótica, a los fantasmas, a los vampiros.

Y, de repente, este extraño joven que trabajaba como camarero y portero de cocina en el restaurante de un hotel cercano quería que ella le mordiera en el cuello. Matthew le rogó a la chica que le "ensangrentara", que le convirtiera en vampiro. La agarró por los hombros, apretó el cuello contra su boca y pidió a gritos el mordisco que le concedería la inmortalidad.

La chica consiguió gritar y hacer que otras personas del alojamiento investigaran. A estas alturas, Matthew se encontraba en un estado psicológico tal que todos le parecían vampiros. Como la muchacha no lo complacía, Matthew suplicó a los jóvenes que lo mordieran y le permitieran unirse a su antiguo culto. Sabía que todos vivían en el edificio porque era un hogar para vampiros. Mientras un agente de policía le esposaba, Matthew pidió que el hombre le mordiera el cuello.

Fue una lástima que en el momento de aquel disturbio en el alojamiento de sus amigos no se advirtiera del todo el alcance de la obsesión de Matthew Hardman por los vampiros como la enfermedad psicológica que realmente era. Se le consideró simplemente como un adolescente impresionable al que le gustaba hablar de vampiros y temas espeluznantes y que probablemente había bebido demasiado cuando empezó a ver colmillos imaginarios en todos sus amigos.

· · ·

Dos meses después, en noviembre, Matthew asesinó a Mabel Leyshon, de 90 años, en su casa de Llanfairpwll, Anglesey, Gales. La señora Leyshon se había hecho amiga de Matthew desde que éste era un niño de 13 años, pero su sed de sangre le obligó a apuñalar a su anciana amiga hasta la muerte, arrancarle el corazón y beber su sangre de una cacerola.

Ese ritual, creía Matthew, lo iniciaría con toda seguridad en las codiciadas filas de los no muertos.

Condenado el 2 de agosto de 2002, el vampiro lloró cuando el jurado lo declaró culpable tras menos de dos días de deliberación. El juez Richards declaró que el asesinato de la Sra. Leyshon era un "acto de gran maldad", por el que Matthew Hardman no había mostrado ningún remordimiento. El adolescente aspirante a vampiro puede haber esperado la inmortalidad, dijo el juez, "pero todo lo que has conseguido es el final brutal de la vida de otra persona y la imposición de una sentencia de cadena perpetua sobre ti mismo."

Aunque el juez Richards dijo que se declaró que el acusado estaba en su sano juicio al planear el asesinato, especuló que creía que Hardman estaba "posiblemente disimulando una enfermedad psiquiátrica no diagnosticada".

. . .

Síndrome de Renfield

Esa "enfermedad psiquiátrica no diagnosticada" a la que se refirió el juez Richards es conocida por los psiquiatras como un síndrome que implica la ilusión de que uno es realmente un vampiro y siente la necesidad de ingerir sangre. Los psiquiatras se separan de los individuos que romantizan las películas de vampiros y de los que participan en juegos de rol de vampiros.

El psicólogo Richard Noll, autor de Bizarre Disease of the Mind (Enfermedades extrañas de la mente), ha señalado que muchos casos de tienen mucho en común con el personaje de Renfield en Drácula de Bram Stoker, de ahí que Noll etiquete la enfermedad mental como Síndrome de Renfield.

En la versión original de la historia de Drácula, Renfield es un paciente de un manicomio al que le gusta comer insectos. Sin embargo, en la versión cinematográfica clásica de Tod Browning, se sugiere que Renfield precedió a Jonathan Harker como el primer abogado que visitó el castillo de Drácula y familiarizó al Conde con los bienes inmuebles de Londres. La visita al castillo del vampiro le hizo enloquecer y correr tras las arañas y las moscas hasta que Drácula, su amo, le permitiera buscar una caza mayor. Las carcajadas maníacas de Dwight Frye mientras se agarra a las moscas siguen siendo algunas de las escenas más inolvidables de la película.

(A pesar de la innegable imagen que evoca el término Síndrome de Renfield, actualmente no está clasificado en el Manual diagnóstico y estadístico de los trastornos mentales, 4ª edición).

Noll teoriza que la mayoría de los que padecen el síndrome de Renfield son hombres que han llegado a creer que beber sangre les proporcionará poderes para mejorar su vida. El trastorno, dice, suele comenzar en la infancia con un incidente que, de alguna manera, provoca la ingestión de sangre. Más tarde, en la pubertad, la ingesta de sangre se asocia con la excitación sexual.

En su libro Vampires, Werewolves & Demons: Twentieth Century Reports in the Psychiatric Literature, Noll afirma que el "autovampirismo", en el que uno ingiere sangre de sus propias heridas abiertas, puede conducir a la "zoofagia", es decir, a comer y/o beber criaturas vivas. Los afectados por el Síndrome de Renfield suelen atrapar insectos, pájaros y pequeños animales, como perros y gatos. Los mataderos ofrecerían un suministro constante de sangre fresca a los vampiros.

El vampirismo en su forma verdadera, afirma Noll, es la etapa final a desarrollar e implica "procurar y beber la sangre de seres humanos vivos". Noll señala que esto puede lograrse "robando la sangre de hospitales, laboratorios... o intentando beber la sangre directamente de otros".

Por lo general, esto implica algún tipo de actividad sexual consentida, pero en los casos del tipo de asesinato por lujuria y en otros crímenes violentos no letales, la actividad sexual y el vampirismo pueden no ser consentidos. La compulsión de beber sangre casi siempre tiene un fuerte componente sexual asociado".

Vampireboy y otros casos de vampirismo Bobbi Jo O'Neal, una forense adjunta de la Oficina del Forense del Condado de Charleston (Carolina del Sur), habló de los "vampiros vivos" en un artículo para la revista Forensic en el que aconsejaba a las enfermeras forenses que el vampirismo era una forma de comportamiento desviado que mucha gente consideraba rara o incluso inexistente.

La Sra. O'Neal habló de un varón blanco de 17 años que fue encontrado sin respuesta en su dormitorio. El adolescente estaba de rodillas, con la cabeza apoyada en la cama. Declarado muerto en la sala de emergencias, se observó que al fallecido se le había recetado Prozac y Adderral. Aunque había sido muy popular y participaba en muchas actividades del instituto, últimamente se había vuelto más retraído y dedicaba cada vez más tiempo a Internet, donde era conocido como "Vampireboy".

Según la Sra. O'Neal, durante la investigación de la escena, se encontró un diario en el que el adolescente se había descrito a sí mismo como un "Vampiresis".

Con todo lujo de detalles, el chico describía cómo se había convertido en vampiro y cómo había instruido a otros para que hicieran lo mismo.

"En la autopsia se observó que los dientes caninos parecían haber sido limados", continuó. "Se encontraron 16 onzas de sangre en el estómago y cuatro onzas de líquido sanguinolento mucoide en el duodeno. No había signos de ulceración ni otra causa de hemorragia".

La Sra. O'Neal cita un caso de una mujer embarazada de cuatro meses que disfrutaba vomitando grandes cantidades de sangre que había ingerido. Cuando se ordenaron transfusiones de sangre, la paciente desenganchó los tubos, insistiendo en que prefería beber la sangre. Cuando la mujer fue encontrada muerta, la autopsia reveló que su estómago estaba hinchado de sangre.

Porfiria: la enfermedad de los vampiros

Una enfermedad física real que bien podría etiquetarse como "la enfermedad del vampiro" es el raro trastorno en la síntesis de la sangre conocido como porfiria. Los expertos dicen que puede haber hasta ocho variedades de esta anomalía genética.

· · ·

Los afectados suelen sufrir dolores abdominales, erupciones en la piel, sensibilidad a la luz, dificultad para respirar y transformaciones poco atractivas en su aspecto personal. Algunos investigadores han calculado que puede haber más de 50.000 individuos en Estados Unidos que padecen alguna de las variedades de porfiria.

En su libro True Vampires, Sondra London cita el trabajo del doctor David Dolphin, profesor de química de la Universidad de Columbia Británica, que hizo la controvertida sugerencia en una reunión de la Asociación Americana para el Avance de la Ciencia Moderna de que los vampiros que beben sangre eran víctimas de la porfiria que intentaban aliviar los síntomas de su terrible enfermedad.

Aunque a estos individuos no les crecen realmente los colmillos, dijo el Dr. Dolphin, los labios y las encías pueden retraerse, creando así una ilusión de alargamiento de los dientes.

La imaginativa presentación del Dr. Dolphin no fue bien recibida, y numerosos científicos argumentaron que no había base científica para la afirmación de que la ingestión de sangre podría aliviar el dolor de los ataques de porfiria.

Licantropía

. . .

Al igual que hay humanos que se imaginan que son auténticos vampiros, hay individuos que se creen capaces de transformarse en lobos. Los psicólogos reconocen una psicosis de hombre lobo (licantropía o lupinomanía) en la que las personas así afectadas pueden creer que se transforman en lobo con la luna llena.

Kenneth Vincent comentó el caso de una mujer de 49 años que recibía psicoterapia diaria y fármacos antipsicóticos y que seguía percibiéndose como una mujer lobo con garras, dientes y colmillos. El personal médico conseguía controlar a la mujer hasta la siguiente luna llena, cuando gruñía, aullaba y reanudaba su comportamiento de lobo. Rosenstock y Vincent afirmaron que la mujer fue finalmente dada de alta y se le suministró medicación antipsicótica, pero declaró que rondaría los cementerios hasta encontrar al hombre lobo de sus sueños.

7

El fantasma vampiro de Guadalajara

María siempre había sido una niña curiosa. Su familia había vivido en la calle Nardo de Guadalajara (México) durante toda su juventud. Como la mayoría de los niños de su barrio, las calles eran su patio de recreo, y ella había explorado todos los rincones que rodeaban su casa.

Un lugar que realmente le fascinó fue el cementerio que estaba a pocas cuadras, El Panteón de Belén. Es un antiguo cementerio con muchas leyendas sobrenaturales en torno a sus ocupantes fallecidos.

María sólo tenía dos años cuando fue por primera vez allí, el 2 de noviembre, durante una fiesta del Día de los Muertos.

El cementerio se había convertido en un museo hacía mucho tiempo, y las celebraciones del Día de los Muertos se prolongaban hasta la noche con espectáculos de marionetas y obras de teatro que se representaban por toda la propiedad del cementerio. No supo cuándo escuchó por primera vez la historia de la tumba del vampiro. Parecía que formaba parte de su experiencia en El Panteón de Belén desde que tenía uso de razón. Se cuenta que hace mucho tiempo había un vampiro que acechaba el campo de Guadalajara a principios del siglo XIX. Atacaba al ganado y a los recién nacidos en mitad de la noche y les drenaba toda la sangre de sus cuerpos sin vida. Los ciudadanos de la zona estaban en alerta, y durante las oscuras horas de la madrugada se vio a un hombre que se escabullía de vuelta a su casa después de otro ataque denunciado de El Vampiro.

Se formó una turba que irrumpió en su casa y lo mató mientras yacía en su cama. Le clavaron una tosca estaca de madera en el corazón y lo enterraron sin contemplaciones en el Panteón de Belén. Según el folclore de la región, la estaca se alimentó de su sangre preternatural, y pronto creció hasta convertirse en un enorme árbol que abrió la tumba de El Vampiro. La leyenda dice que, si se corta una rama del árbol, se verá cómo la sangre mezclada con la savia rezuma del tocón. Una antigua profecía afirma que una vez que el árbol sobrepase completamente la tumba y empuje el ataúd hasta el suelo, El Vampiro será libre para levantarse de nuevo y vengarse de los ciudadanos de Guadalajara.

. . .

Esta historia fascinaba y asustaba a María, y a menudo se quedaba mirando el agujero abierto de la cripta del Vampiro cada vez que visitaba el cementerio. A veces estaba segura de que creía que algo se movía en las sombras, pero su madre le decía que su imaginación estaba hiperactiva por haber visto demasiadas películas en la televisión. Pero a medida que crecía, la fascinación por la cripta y la certeza de que algo se movía en su oscuridad estigmatizante la motivaban a visitar la tumba con más frecuencia.

Cuando tenía 11 años, le picó la curiosidad por el lugar y decidió investigar la tumba de cerca sin que nadie la molestara. Después de que sus padres se acostaran, salió a escondidas de casa después de medianoche y recorrió sigilosamente las concurridas calles de Guadalajara. Luego trepó por los muros de El Panteón de Belén. El cuidador solía vigilar el recinto con su perro, pero por suerte para ella se habían retirado a algún lugar, y no fue acosada mientras se abría paso entre las criptas mohosas y decadentes hasta el gran árbol.

Cuando llegó a la tumba de El Vampiro, se quedó indecisa durante unos instantes mientras el miedo se apoderaba de su corazón, pero luego dejó de lado estos sentimientos y bordeó con valentía la valla improvisada que se había levantado para mantener alejados a los curiosos y a los vándalos durante las horas normales de visita. La parte superior agrietada de la cripta parecía un pozo sin fondo mientras se arrastraba con cuidado hacia ella.

Ahora no veía ningún movimiento, sólo un pozo negro abierto en el que no se distinguía nada.

El miedo se apoderó de su corazón, pero una vez más apartó esas emociones y siguió adelante con pura determinación. Dejó caer las piernas en el agujero y sacó la pequeña vela y el mechero que llevaba guardados en los bolsillos del vestido. Con un rápido movimiento encendió la mecha, y la pequeña iluminación le dio la luz suficiente para encontrar un lugar en la cripta.

Bajó y se encontró en una tumba estrecha y oblonga, no mucho más grande que el ataúd de metal sobre el que estaba. Sólo había espacio suficiente para que se encorvara sobre sus rodillas mientras contemplaba el viejo ataúd de hierro en la penumbra.

El metal era fino y estaba muy oxidado, y parecía ceder un poco cuando ella distribuía su peso sobre la tapa. Había algo escrito en la tapa, en la cabeza, y ella se movió para ver más de cerca.

Cuando lo hizo, el metal empezó a doblarse y a descascarillarse a medida que el metal corroído cedía, y un pequeño agujero empezó a formarse en su rodilla, no más grande que una pelota de béisbol.

• • •

Se apartó de su peso y se inclinó para leer la escritura, pero estaba demasiado oxidada y la iluminación era demasiado tenue para que pudiera distinguir lo que decían las viejas letras.

Fue entonces cuando sintió que algo le tocaba la pierna. Era algo que salía del ataúd.

Sin embargo, esa noche no durmió en absoluto, ya que cada vez que se oía algo fuera de su ventana, volvía a sentir el terror que había experimentado en la cripta. Estaba segura de que El Vampiro la perseguía. Después de todo, no sólo algo salió del ataúd y la tocó, sino que ella había sangrado en la cripta del vampiro. Seguramente, una vez que probara su sangre, querría más.

Al día siguiente se sintió mal, en parte por la falta de sueño y en parte por el dolor de cabeza palpitante que sentía por la herida en la cabeza. Sin embargo, realizó las tareas domésticas sin quejarse y sin contar a sus padres lo que había ocurrido la noche anterior. A pesar de estar agotada por la noche anterior sin dormir y por un día completo de trabajo, esa noche no pudo descansar, sino que estuvo meciéndose en su cama durante horas, temerosa de lo que había en la cripta. Finalmente, sucumbió al cansancio y cayó en un sueño semidespierto.

· · ·

Se despertó y vio una figura oscura de pie sobre su cama. Era un hombre alto, sin rasgos visibles, que se quedó mirando. María gritó y sus padres corrieron a su lado. En cuanto se encendieron las luces, la figura desapareció, pero la joven estaba histérica. Entre lágrimas confesó a sus padres la aventura de la noche anterior y lo que había visto en su cama. Sus padres estaban aterrados, no por la figura oscura, sino porque su hija había estado vagando por las calles en mitad de la noche y se había hecho daño. La calmaron y le aseguraron que sólo era una figura de su imaginación.

Al día siguiente la llevaron a un médico que le curó la herida y comprobó que había una ligera infección. También él aseguró a la pequeña María que el espectro que había al final de su cama era sólo una ilusión de su herida y de la falta de sueño.

Pero la figura oscura regresó a la noche siguiente. María se despertó con un dolor en la cabeza, y la figura oscura estaba inclinada sobre ella. Los gritos de la niña alertaron a sus padres, y esta vez cuando entraron en su habitación encontraron que su almohada tenía una mancha de sangre. La herida de María parecía haberse abierto de nuevo. La niña estaba segura de que era El Vampiro, tomando otro trago de su sangre.

Después de que le vendaran de nuevo la herida, la niña se negó a dormir sola en la cama, así que su madre se quedó sentada, descansando en una silla. Durante dos noches la madre durmió en la habitación, y aunque María dormía profundamente, parecía debilitarse. Además, la herida se negaba a cicatrizar. El médico no tenía ni idea de por qué la herida parecía curarse durante el día, pero se reabría durante la noche. María se empeñaba en decir que era obra del fantasma vampiro que la atacó, pero sus padres lo consideraban una tontería.

Todo cambió la tercera noche después de la fatídica excursión de María. La madre se sentó con María durante un rato, hasta que ésta se quedó dormida. Luego se dispuso a retirarse a su propio dormitorio, pero primero se detuvo en el baño para refrescarse antes de acostarse. De camino a su habitación, comprobó rápidamente cómo estaba María. Mirando a través de la puerta entreabierta, vio a su hija dormida en la cama y lo que parecía ser un hombre de pie junto a ella en la oscuridad.

Llamó a su marido a gritos y abrió la puerta de golpe. En el medio segundo antes de que el espectro desapareciera, juró que vio un ente que la miraba con ojos brillantes de fuego.

Y de nuevo la herida de la cabeza de María sangraba.

La familia estaba ahora convencida de que no se trataba de una herida normal, pero no tenían ni idea de qué hacer.

Aunque la familia de María no era religiosa, la abuela de María era una pentecostal empedernida y pidió ayuda al reverendo Guivez, su ministro. Aunque no tenía formación formal en estos temas, sí creía en los poderes sobrenaturales de la oscuridad y decidió ayudar de cualquier manera.

El reverendo Guivez visitó a la familia una noche y habló largamente con María. Ungió la herida con aceite y rezó por ella y la familia en su habitación. Inmediatamente, una muñeca de porcelana salió volando de una estantería cercana y se estrelló contra la pared justo encima de la cabeza del reverendo. El ministro se estremeció, pero mantuvo la cordura. Inmediatamente exigió que cesara la actividad sobrenatural y que la entidad que estaba apareciendo y causando daño a la niña saliera de la habitación de inmediato.

En cuestión de segundos, la habitación se volvió fría y una niebla comenzó a arremolinarse junto a María. Todos los presentes juraban que parecía tomar forma de hombre. El reverendo Guivez invocó inmediatamente el nombre de Cristo y exigió que cesara y desistiera, y para su sorpresa la niebla comenzó a desvanecerse. Con una nueva autoridad, volvió a exigir que la entidad saliera de la casa inmediatamente.

De repente, oyeron al gato de la casa, que estaba en la habitación de al lado, chillar de terror.

El padre se giró y lo vio correr frenéticamente por la casa como si estuviera loco. Entonces saltó por una ventana abierta y corrió hacia el intenso tráfico de la calle Nardo. Fue atropellado y murió al instante. Las apariciones cesaron, y a los pocos días la herida de María empezó a curarse definitivamente. Nunca más volvió a ir a El Panteón de Belén, ni siquiera para celebrar el Día de los Muertos. María creció y se convirtió en una joven equilibrada con una fantástica historia que contar.

Después de que la gente de la iglesia y del vecindario se enterara de la historia de María, el reverendo Guivez fue llamado a los hogares de muchas personas y a lugares donde se necesitaba liberación espiritual. Rápidamente se encontró haciendo más exorcismos que matrimonios en su ministerio en la iglesia pentecostal.

Según la investigación posterior del pastor Robin Swope, el árbol sobre la cripta del Vampiro fue cortado. Sólo queda un tocón. No hubo sangre cuando los leñadores llevaron la sierra a la vieja madera. Pero eso no ha impedido que se cuenten historias sobre las apariciones de El Vampiro. Hasta el día de hoy, su cripta tiene un gran agujero en la parte superior, que invita a los visitantes de El Panteón de Belén a entrar para verlo de cerca.

8

Matar a un vampiro en el siglo XXI

En las primeras páginas de este libro, nos enteramos de cómo la gente de la época antigua y medieval se ocupaba de los que habían sido maldecidos para convertirse en vampiros. Si una aldea era atacada por una criatura de los muertos vivientes que se veía impulsada a salir de su tumba por el ansia de sangre humana, el sacerdote de la aldea y unos cuantos hombres incondicionales cavaban en la podredumbre de la tumba, clavaban una estaca de madera en el corazón del depredador y decapitaban al vampiro.

Hoy en día, a medida que avanzamos en el siglo XXI, una época de pensamiento científico, tecnología notable y un programa espacial que traza el universo físico y sueña con trasladarnos a otros planetas, los métodos para matar a un vampiro no son muy diferentes a los de hace mil años.

· · ·

Proteger un pueblo rumano de un vampiro Justo antes de la medianoche de julio de 2004, seis figuras oscuras entraron sigilosamente en el cementerio del pequeño pueblo rumano de Marotinul de Sus. Habían discutido sus planes muchas veces durante muchas semanas, y cada uno de ellos conocía bien su misión particular.

Sin desperdiciar ningún movimiento, se dirigieron hacia la sencilla parcela de Petre Toma, un hombre que en su día había llevado una vida respetable como profesor en el pueblo. Por alguna razón, habían descubierto que Toma había elegido convertirse en un miembro de los muertos vivientes y levantarse de su tumba por la noche para beber la sangre de los vivos mientras dormían. De hecho, Toma había elegido como víctimas a tres miembros de su propia familia.

Cuando los hombres vieron que no eran observados por nadie que anduviera cerca del cementerio esa noche, Gheorghe Marinescu, Mitrica Mircea, Popa Stelica, Constantin Florea, Ionescu Ion y Pascu Oprea -todos emparentados, todos leales al trabajo que debía hacerse-comenzaron a desenterrar la tumba del vampiro. Arrastraron el cadáver desde su lugar de descanso en una simple tumba y, al filo de la medianoche, Marinescu comenzó el ritual que había pasado de generación en generación en su familia.

. . .

Después de que Gheorghe Marinescu terminara de recitar las palabras que sujetarían al vampiro, se clavó una horquilla en el pecho de Petre Toma. Luego, como habían discutido tantas veces el proceso de matar a un vampiro, se abrió el pecho de Toma, se le extrajo el corazón y se le clavaron estacas en el resto del cuerpo. Los asesinos de vampiros rociaron el cuerpo con abundante ajo y luego lo depositaron cuidadosamente en la tumba.

Para asegurarse de que el vampiro dejara de levantarse por la noche en busca de sangre de los aldeanos, los hombres debían cumplir un paso más importante en el ritual.

Llevando el corazón de Toma empalado en el extremo de una horquilla, los hombres se dirigieron a un cruce de caminos donde la esposa, el hijo y la nuera de Marinescu esperaban junto a una hoguera que habían encendido. Allí, la familia quemó el corazón del vampiro, disolvió las cenizas en agua y luego cada uno de ellos bebió la mezcla hasta la última gota. Los asesinos de vampiros sabían que habían hecho un acto justo. La esposa, el hijo y la nuera de Marinescu eran muy conscientes de que Petre Toma había vuelto para atormentarlos y beber su sangre. No tenían ni idea de por qué Toma les había elegido como víctimas, pero poco después del entierro de Toma, el día de Navidad de 2003, empezó a aparecérseles en sueños.

. . .

Cuando empezaron los sueños de Toma, empezaron a sentirse enfermos y débiles. Por alguna razón desconocida, el hombre que había sido un profesor muy respetado y que había fallecido a la edad de 76 años, había elegido volver como vampiro.

Los miembros de la familia de Marinescu esperaban ansiosamente a los hombres esa noche mientras estaban sentados en la encrucijada. Se habían debilitado mucho, pero en el momento en que bebieron las cenizas del corazón del vampiro, inmediatamente empezaron a sentirse mejor.

Los que habían desenterrado el cuerpo de Toma no tenían ninguna duda de que habían localizado al vampiro. Con la iluminación de sus linternas, todos habían visto rastros de sangre alrededor de su boca. Cuando lo apuñalaron para extraerle el corazón, había emitido un largo suspiro. No había ninguna duda de que tenían el cuerpo correcto.

Cuando al día siguiente se corrió la voz por todo el pueblo de Marotinul de Sus de que un vampiro había recibido un descanso más sagrado, la reacción de muchos fue de gran alivio. El consenso era que era bueno que Marinescu y su familia hubieran realizado el ritual. Una vez que el vampiro comenzara su búsqueda nocturna de sangre, toda la aldea estaría en peligro.

. . .

La policía local presentó cargos contra los seis hombres sólo después de que la hija de Petre Toma, Floarea Cotoran, se quejara de la profanación de la tumba de su padre. Cuando la policía vino a detenerlo, Marinescu se mostró sorprendido y a la defensiva. Había actuado en defensa propia, protestó.

Si él y sus parientes no hubieran tratado con el vampiro de la forma prescrita en los antiguos rituales, su mujer, su hijo y su nuera habrían muerto. Marinescu continuó declarando que no habían cometido un crimen. De hecho, habían hecho algo bueno y habían actuado para proteger a la comunidad.

Cuando la noticia de los asesinos de vampiros se extendió por toda Rumanía y llegó a los titulares de las grandes ciudades, los periodistas que llegaron a Marotinul de Sus para cubrir la noticia se encontraron con que una parte considerable de la población apoyaba a Marinescu y a sus familiares. Varios entrevistados no dudaron en admitir que ellos también habían bebido cenizas del corazón de los vampiros para combatir una misteriosa enfermedad y que se habían curado enseguida. Otros dijeron que conocían a decenas de vampiros de este tipo que habían sido asesinados porque acechaban a los vivos. Nadie había hecho un escándalo al respecto antes de que la hija de Toma acudiera a la policía.

. . .

Un policía dijo a la periodista de Bucarest Monica Petrescu que hacía años que estaban al tanto de los rituales que se realizaban en los cementerios de la zona, después del agua bendita y las oraciones, algunas romanas, pero nunca nadie se había quejado de las profanaciones en los pueblos ianos.

En mayo de 2005, Gheorghe Marinescu, Mitrica Mircea, Popa Stelica, Constantin Florea, Ionescu Ion y Pascu Oprea fueron condenados a seis meses de cárcel por la exhumación ilegal de un cadáver.

Mientras Monica Petrescu seguía investigando la creencia en los vampiros en la Rumanía actual, se enteró de que muchas comunidades del país se toman muy en serio la amenaza de los vampiros. Al principio, supuso que esas creencias y rituales ancestrales estarían más presentes en las comunidades rurales, pero habló con Maria Tedescu, una estudiante de derecho de Bucarest, que le dijo: "Todos tenemos nuestras pequeñas supersticiones. Pero los vampiros son diferentes.

No son algo que se pueda tomar a la ligera. Sé que puede parecer una tontería y no puedo explicarlo del todo, pero creo que existen. Siempre llevo un crucifijo... por si acaso".

Sospechosa de ser un vampiro, fue golpeada hasta la muerte El 30 de abril de 2007, cerca de Georgetown (Guyana), se sospechó que una anciana era un Higues, una entidad vampírica que puede entrar en la grieta más pequeña de una casa y beber la sangre de los bebés humanos. Una vez satisfecho con una comida de sangre, el Higues sale de la casa y asume la forma de una anciana inofensiva.

Por desgracia para esta anciana en particular, cuyo comportamiento y ciertos rasgos personales se consideraron inusuales y sospechosos, una multitud enfurecida de aldeanos guyaneses la acusó de ser un espíritu vampírico tan maligno y la golpeó hasta la muerte.

El pueblo, situado a unos 24 kilómetros al este de Georgetown (Guyana), contiene muchos practicantes de Obeah, una religión que combina las creencias traídas a Guyana por los esclavos desde África, la magia popular y el catolicismo romano. La creencia en Higues sigue siendo muy fuerte. Sin embargo, no parece haber ningún ritual especial para despachar a un vampiro como los que existen en Rumanía y otros lugares. Los aldeanos parecen deshacerse de los Higues por el medio más conveniente a su alcance.

El "vampiro del desierto" de Irán fue ejecutado en público Las ejecuciones públicas son raras en Irán, pero el 18 de marzo de 2005 se hizo una excepción con Mohammed Bijeh, "el vampiro del desierto de Teherán". Para la muerte del vampiro, las autoridades querían la máxima exposición.

A primera hora de la mañana de la ejecución, dos coches de policía recorrieron las calles de Pakdasht anunciando el acontecimiento y animando a todo el mundo a reunirse frente al tribunal a las 9:00 de la mañana para ser testigos.

Mohammed Bijeh, albañil de 30 años, fue condenado por el asesinato de al menos 17 niños y 3 adultos. Las autoridades especulan que podría haber habido muchas víctimas cuyos restos no se han encontrado. Según fragmentos de conversaciones escuchadas entre Bijeh y sus víctimas, el joven atraía a los niños para que fueran con él al desierto con el pretexto de cazar pequeños animales. Una vez que estaban lejos de cualquier testigo, abusaba sexualmente de ellos y los mataba. Bijeh era el mayor de siete hermanos, y había dejado la escuela a una edad muy temprana para trabajar en la fábrica de ladrillos, prensando barro en moldes de ladrillos. Bijeh creció en la pobreza, y afirmaba que su madre le pegaba a menudo sin motivo. Al mismo tiempo, la visión de su sangre fluyendo de su cuerpo le hacía sentirse eufórico.

Quizás fue el deseo de alcanzar una sensación de euforia más duradera lo que hizo que Bijeh se convirtiera en un adicto a la heroína y comenzara a asesinar niños en 2002.

Observaba a los niños pequeños que jugaban en el barro cerca de la fábrica de ladrillos y se excitaba.

. . .

Otras personas que vivían y trabajaban en la barriada veían de vez en cuando a Bijeh cargando sacos, pero no tenían ni idea de su contenido.

Ali Baghi, de 24 años, adicto a la heroína, fue acusado de actuar en ocasiones como cómplice de Bijeh. Baghi contó al tribunal que los dos sacrificaban a menudo animales y dejaban sus cadáveres cerca de las tumbas poco profundas donde enterraban a muchos de los niños. El olor de la carne podrida disimulaba el hedor que desprendían los cuerpos descompuestos de los niños.

Baghi fue condenado a 15 años de prisión por su complicidad en los asesinatos y violaciones.

Poco después de que comenzaran los asesinatos en 2002, la policía inició una investigación que llevó a Bijeh a la cárcel durante varios meses. Fue liberado por falta de pruebas y pronto asesinó a otros siete niños. Una de las estratagemas del vampiro era hablar a los niños de las palomas que había enseñado a actuar. Si querían ver a los extraordinarios pájaros haciendo trucos, debían seguirle hasta el pequeño gallinero de ladrillo. Convenientemente para Bijeh, había un pozo de cal no muy lejos del gallinero donde se podían arrojar fácilmente los cuerpos de los niños confiados.

· · ·

Los asesinatos del vampiro del desierto continuaron durante un año más tras la liberación de Bijeh. Muchas de las víctimas procedían de familias pobres de refugiados afganos, que dudaban en denunciar la desaparición de sus hijos por miedo a que los expulsaran de Irán por causar problemas.

Sin embargo, la policía se indignó cuando se enteró de las muertes de los niños que se habían perpetrado durante tantos años y varios agentes fueron despedidos o suspendidos por incompetencia. Cuando se supo que la policía había tenido en realidad al vampiro bajo su custodia dos años antes, el gobierno y el poder judicial abrieron investigaciones sobre la gestión del caso.

Una vez detenido, Bijeh se mostró desafiante e impenitente y afirmó que había cometido los asesinatos como un acto de venganza contra la sociedad. También añadió que su madrastra había abusado de él.

Estos argumentos tuvieron poco peso ante el tribunal de Pakdasht.

Como es costumbre, el juicio de Bijeh se celebró a puerta cerrada. En estos casos de crímenes atroces contra niños, los iraníes sostienen que un juicio público con la descripción del asesino de cómo realizó sus actos contra sus hijos sólo traería dolor a las familias.

Por el contrario, en este caso, su conclusión es que una ejecución pública del vampiro del desierto traería el cierre y la paz a las familias violadas.

En Irán nunca se celebran ejecuciones públicas cuando se ha decretado la pena capital por delitos políticos o en sentencias en las que se ha declarado culpable a una mujer.

Pero en el caso de Bijeh, dijo un alto funcionario del tribunal, defendiendo su decisión, una ejecución pública ayudaría a calmar las emociones del pueblo.

Cuando Mohammed Bijeh fue llevado a la plaza principal de Pakdasht, los cerca de 5.000 asistentes comenzaron a corear "Allahu Akbar" (Dios es grande). Los familiares de los asesinados y los desaparecidos gritaron los nombres de sus seres queridos. Los funcionarios del tribunal se turnaron para administrar 100 latigazos en la espalda desnuda de Bijeh. En tres ocasiones, el condenado como vampiro del desierto cayó de rodillas bajo la violenta fuerza de los latigazos.

Mientras una de las madres de un niño que había sido víctima de su salvajismo le ponía la soga al cuello, un familiar de otro de los niños atraídos por el desierto.

9

Cronología de los vampiros

La prehistoria: Las creencias y mitos sobre los vampiros surgen en culturas de todo el mundo.

c. 4000 a.C. Lilitu se da a conocer como una presencia demoníaca de la noche que drena la sangre de las víctimas dormidas. En el folclore hebreo, Lilitu (ahora Lilith) fue la primera esposa de Adán antes de la creación de Eva, la verdadera madre elegida de la humanidad.

Los hijos de Adán y Lilith son las terribles criaturas nocturnas conocidas como los íncubos, que se aprovechan de las mujeres, y los súcubos, que están sedientos de sangre masculina.

· · ·

731 E.C. La Historia Eclesiástica de Inglaterra del venerable Bede describe una serie de monstruos demoníacos y vampíricos que rondan la noche.

774 d.C. Las Crónicas de Denys de Tell-Mahre describen a las criaturas nocturnas que aterrorizaban la región conocida hoy como Irak.

1047 Primera aparición en forma escrita de la palabra upir (una forma temprana de la palabra que más tarde se convertiría en "vampiro") en un documento que se refiere a un príncipe ruso como "Upir Lichy", o vampiro malvado.

1190 La obra De Nagis Curialium de Walter Map incluye relatos de seres parecidos a los vampiros en Inglaterra.

1196 Las Crónicas de Guillermo de Newburgh registran varias historias de retornados de tipo vampírico en Inglaterra.

1233 El Papa Gregorio IX funda la Inquisición para erradicar la práctica de la brujería, el cambio de forma, el vampirismo, el canibalismo, los animales familiares y la invocación de demonios.

. . .

1278 Una mujer de Toulouse (Francia) es declarada culpable de mantener relaciones sexuales con un íncubo y de dar a luz a un niño medio serpiente.

1305 Los ricos y poderosos Caballeros Templarios son acusados de actos heréticos, como mantener relaciones sexuales con súcubos y adorar demonios.

1312 A pesar de los cientos de testigos para su defensa, los templarios son torturados y quemados en la hoguera. Su orden fue oficialmente disuelta por el Papa Clemente V.

1313 El Gran Maestre de los Caballeros Templarios, Jacques de Molay, muere quemado en un patíbulo erigido para la ocasión frente a Notre Dame. Condena al papa y al rey, que mueren poco después de su ejecución.

1428/29 Nace Vlad Tepes, hijo de Vlad Dracul.

1440 Gilles de Rais es juzgado y quemado por asesinatos de niños y por adorar a Satanás en forma humana y animal.

1447 Vlad Dracul es decapitado.

. . .

1458 Se traduce del hebreo el Libro de la Magia Sagrada de Abramelin.

El manuscrito trata de la invocación de espíritus tutelares.

1462 Tras la batalla en el castillo de Drácula, Vlad huye a Transilvania. Vlad comienza 13 años de prisión.

1475 Vlad retoma el trono de Valaquia.

1476/77 Vlad es asesinado.

1486 El Malleus Malificarum, el infame "Martillo de las Brujas", está escrito por Heinrich Institoris y Jakob Sprenger. El libro se convirtió rápidamente en la "biblia" de los cazadores de brujas y se centra en la búsqueda de aquellos que están bajo el hechizo de los ángeles caídos que pretenden destruir la raza humana.

1560 Nace Elizabeth Bathóry.

1610 Bathory es detenida por matar a varios cientos de personas y bañarse en su sangre. Juzgada y declarada culpable, es condenada a cadena perpetua.

. . .

1614 Muere Elizabeth Bathóry.

1645 Leo Allatius termina de escribir el primer tratamiento moderno de los vampiros, De Graecorum hodie quirundam opinationabus.

1657 La Relation de ce qui s'est passé a Sant-Erini Isle de l'Archipel del padre Françoise Richard vincula el vampirismo y la brujería.

1672 Una ola de histeria vampírica recorre Istra, en Rusia.

1679 Se escribe un texto alemán sobre vampiros, De Masticatione Mortuorum, de Philip Rohr.

1680 Catherine Montvoisin va a la hoguera en París tras afirmar que realizó sacrificios de sangre satánicos con más de 2.500 niños.

1710 La histeria vampírica se extiende por Prusia Oriental.

1725 Vuelve la histeria vampírica a Prusia Oriental.

1725-30 La histeria vampírica persiste en Hungría.

. . .

1734 La palabra "vampyre" entra en la lengua inglesa en las traducciones de los relatos alemanes sobre las oleadas europeas de histeria vampírica.

1744 El cardenal Giuseppe Davanzati publica su tratado Dissertazione sopre I Vampiri.

1746 Dom Augustin Calmet publica su tratado sobre los vampiros, Dissertations sur les Apparitions des Anges, des Demons, et des Espits, et sur les revenants, et Vampires de Hundrie, de Boheme, de Moravie, et de Silesie.

1748 Heinrich August Ossenfelder publica el primer poema moderno sobre vampiros, "Der Vampir".

1750 Se produce otra ola de histeria vampírica en Prusia Oriental.

1756 La histeria vampírica alcanza su punto álgido en Valaquia.

1772 Se produce la histeria de los vampiros en Rusia.

· · ·

1797 Se publica "La novia de Corinto" de Goethe (un poema sobre un vampiro).

1798-1800 Samuel Taylor Coleridge escribe "Christabel", que se considera el primer poema vampírico en inglés.

1800 Se estrena en Milán Il Vampiri, ópera de Silvestro de Palma.

1801 "Thalaba" de Robert Southey es el primer poema que menciona al vampiro en inglés.

1810 Circulan por el norte de Inglaterra informes sobre la muerte de ovejas a las que se les cortan las venas yugulares y se les drena la sangre.

Se publica "The Vampyre" de John Stagg, uno de los primeros poemas sobre vampiros.

1813 El poema de Lord Byron "El Giaour" incluye el encuentro del héroe con un vampiro.

· · ·

1819 Se publica "The Vampyre" de John Polidori, la primera historia de vampiros en inglés, en el número de abril del New Monthly Magazine.

John Keats compone "La Lamia", un poema basado en antiguas leyendas griegas.

1820 Se publica anónimamente en París Lord Ruthwen; ou, Les Vampires de Cyprien Berard.

13 de junio: se estrena Le Vampire, obra de Charles Nodier, en el Teatro de la Porte Saint-Martin de París.

Agosto: The Vampire; or, The Bride of the Isles, una traducción de la obra de Nodier por James R. Planche, se estrena en Londres.

Marzo de 1829: Se estrena en Leipzig (Alemania) la ópera Der Vampyr, de Heinrich Marschner, basada en la historia de Nodier.

1841 Alexey Tolstoi publica su cuento "Upyr" mientras vive en París. Es la primera historia moderna de vampiros escrita por un ruso.

. . .

1847 Nace Bram Stoker.

Varney el Vampiro comienza una larga serialización.

1851 Se estrena en París la última obra dramática de Alexandre Dumas, Le Vampire.

1872 Sheridan Le Fanu escribe "Carmilla".

En Italia, Vincenzo Verzeni es condenado por asesinar a dos personas y beber su sangre.

1874 Informes de Ceven, Irlanda, hablan de ovejas degolladas y con la sangre drenada.

1887 Se funda la Orden de la Aurora Dorada. Basada en gran medida en la Magia Sagrada de Abramalin, la orden recupera la fascinación por los vampiros, los hombres lobo y los espíritus de la oscuridad. Entre sus miembros se encuentran el célebre Aleis-ter Crowley y el premio Nobel W.B. Yeats.

1888 Se publica "Land Beyond the Forest" de Emily Gerard.

. . .

Se convertirá en una importante fuente de información sobre Transilvania para el Drácula de Bram Stoker.

Jack el Destripador aterroriza a Londres con su sangre vampírica y sus mutilaciones de prostitutas.

1894 El cuento de H.G. Wells "El florecimiento de la extraña orquídea" es un precursor de las historias de vampiros de ciencia ficción.

1897 Se publica en Inglaterra Drácula, de Bram Stoker.

"El Vampiro" de Rudyard Kipling se convierte en la inspiración para la creación del vampiro como personaje estereotipado en el escenario y la pantalla.

Vacher el Destripador mutila y mata hasta veinte víctimas antes de ser detenido en Francia.

1912 Se produce en Gran Bretaña The Secrets of House No. 5, posiblemente la primera película de vampiros.

1913 Se publica El invitado de Drácula, de Bram Stoker.

· · ·

1920 Se realiza en Rusia Drácula, la primera película basada en la novela. No se conserva ninguna copia.

1921 Los cineastas húngaros producen una versión de Drácula.

1922 Nosferatu, película muda de fabricación alemana producida por Prana Films, es el tercer intento de filmar Drácula.

1924 Se estrena en Derby, Irlanda, la versión teatral de Drácula de Hamilton Deane.

Fritz Harmaann, de Hannover (Alemania), es detenido, juzgado y condenado por matar a más de 50 personas en una ola de crímenes vampíricos.

Sherlock Holmes tiene su único encuentro con un vampiro en "El caso del vampiro de Sussex", de Sir Arthur Conan Doyle.

1927 14 de febrero: se estrena una versión teatral de Drácula en el Little Theatre de Londres.

· · ·

Octubre: Una versión americana de Drácula, protagonizada por Bela Lugosi, se estrena en el Teatro Fulton de Nueva York.

Tod Browning dirige a Lon Chaney en London after Midnight, el primer largometraje de vampiros.

1928 Aparece en Inglaterra la primera edición de la influyente obra de Montague Summers The Vampire: His Kith and Kin.

1929 Se publica el segundo libro de vampiros de Montague Summers, El vampiro en Europa.

Enero de 1931: Se preestrena la versión cinematográfica española de Drácula.

Febrero: Se estrena la versión cinematográfica estadounidense de Drácula con Bela Lugosi en el Teatro Roxy de Nueva York.

Peter Kürten, de Düsseldorf (Alemania), es ejecutado tras ser declarado culpable de asesinar a varias personas en una matanza vampírica.

· · ·

1932 Se estrena la aclamada película Vampyr, dirigida por Carl Theodor Dreyer.

1936 La hija de Drácula es estrenada por Universal Pictures.

1942 "Asylum" de A.E. Van Vogt es la primera historia sobre un vampiro alienígena.

Gordon Cummins, el "Jack el Destripador de la Guerra" de Londres, es detenido.

1943 Son of Dracula (Universal Pictures) protagonizada por Lon Chaney, Jr. como Drácula.

1944 John Carradine interpreta a Drácula por primera vez en Horror of Frankenstein.

1953 Se estrena Drakula Istanbula, una adaptación cinematográfica turca de Drácula.

El número 8 de Eerie incluye la primera adaptación al cómic de Drácula.

· · ·

1953-1955 Elisfasi Msomi toma la carne y la sangre de al menos 15 hombres, mujeres y niños para hacer más poderosa su magia como brujo en Natal.

1954 El Comics Code destierra a los vampiros de los cómics.

Soy leyenda, de Richard Matheson, presenta el vampirismo como una enfermedad que altera el cuerpo.

1956 John Carradine interpreta a Drácula en la primera adaptación televisiva de la obra para "Teatro Matinal".

Se estrena Kyuketsuki Ga, la primera película japonesa de vampiros.

1957 Se estrena la primera película italiana de vampiros, I Vampiri.

El productor estadounidense Roger Corman realiza la primera película de ciencia ficción sobre vampiros, Not of This Earth.

El Vampiro, con Germán Robles, es la primera de una nueva ola de películas mexicanas de vampiros.

. . .

Ed Gein, el vampiro/ghoul/caníbal de Wisconsin, es arrestado.

1958 La productora británica Hammer Films inicia una nueva ola de interés por los vampiros con la primera de sus películas de Drácula, estrenada en Estados Unidos con el título de El horror de Drácula.

El primer número de Famous Monsters of Filmland señala un nuevo interés por el cine de terror en Estados Unidos.

1959 Plan 9 from Outer Space es la última película de Bela Lugosi.

1961 La mala flor es la primera adaptación coreana de Drácula.

1962 Donald Reed funda en Los Ángeles la Sociedad del Conde Drácula.

1963 La policía de Ciudad Victoria (México) desarticula una secta que había sacrificado a 12 víctimas a dioses antiguos y bebía sangre que pasaba de un miembro a otro en una copa ceremonial.

· · ·

1964 Parque de Juelos es la primera película de vampiros realizada en España.

1964 The Munsters y The Addams Family, dos comedias de terror con personajes vampíricos, se estrenan en la temporada televisiva de otoño.

1965 Jeanne Youngson funda el Club de Fans del Conde Drácula.

The Munsters, basada en la serie de televisión del mismo nombre, es la primera serie de cómics con un personaje vampiro.

1966 Dark Shadows se estrena en la televisión vespertina de la ABC.

Richard Speck acuchilla brutalmente a ocho estudiantes de enfermería hasta matarlos en Chicago.

Abril de 1967: En el episodio 210 de Dark Shadows, el vampiro Barnabas Collins hace su primera aparición.

· · ·

1969 Sale a la venta el primer número de Vampirella, el cómic de vampiros más longevo hasta la fecha.

Denholm Elliott interpreta el papel principal en una producción televisiva de la BBC sobre Drácula.

Drácula realmente apesta (también conocida como Drácula y los chicos) se estrena como la primera película de vampiros gay.

La "familia" de Charles Manson comete un asesinato masivo satánico en Beverly Hills con sugerencias de beber sangre y canibalismo.

1970 Christopher Lee protagoniza El Conde Drácula, la adaptación cinematográfica española de Drácula.

Sean Manchester funda la Sociedad de Investigación de Vampiros.

Stanley Dean Baker presenta su singular problema a las ofertas de la policía del condado de Monterey, California: intentaba ser el nuevo Jesús comiendo carne humana y bebiendo jarras de su sangre.

· · ·

1971 Marvel Comics publica el primer ejemplar de un cómic de vampiros posterior al Código Ético, La tumba de Drácula.

Morbius, el Vampiro Viviente, es el primer personaje vampírico nuevo introducido después de que la revisión del Comics Code permitiera la reaparición de los vampiros en los cómics.

1972 The Night Stalker con Darrin McGavin se convierte en la película de televisión más vista hasta ese momento.

Vampire Kung-Fu se estrena en Hong King como la primera de una serie de películas de artes marciales de vampiros.

En busca de Drácula, de Raymond T. McNally y Radu Florescu, introduce a Vlad el Empalador, el Drácula histórico, en el mundo de los aficionados a los vampiros contemporáneos.

A Dream of Dracula, de Leonard Wolf, complementa el esfuerzo de McNally y Florescu por llamar la atención sobre la tradición vampírica.

· · ·

True Vampires of History, de Donald Glut, es el primer intento de reunir las historias de todas las figuras históricas de los vampiros.

Stephen Kaplan funda el Centro de Investigación de Vampiros.

1973 La versión de Drácula de Dan Curtis Productions está protagonizada por Jack Palance en una película hecha para la televisión.

Los vampiros de Nancy Garden lanza una ola de literatura juvenil para niños y jóvenes.

1975 Fred Saberhagen propone ver a Drácula como un héroe y no como un villano en The Dracula Tape.

Se funda The World of Dark Shadows como el primer fanzine de Dark Shadows.

1976 Se publica Entrevista con el vampiro, de Anne Rice.

Stephen King está nominado al Premio Mundial de Fantasía por su novela de vampiros, Salem's Lot.

. . .

La Shadowcon, la primera convención nacional de Dark Shadows, está organizada por fans de Dark Shadows.

1977 Se estrena en Broadway una nueva versión dramática de Drácula protagonizada por Frank Langella.

Louis Jourdan protagoniza el papel principal del Conde Drácula, una versión de tres horas del libro de Bram Stoker, en la televisión de la BBC.

Martin V. Riccardo funda la Sociedad de Estudios Vampíricos.

1978 Hotel Transylvania, de Chelsea Quinn Yarbro, se une a los volúmenes de Fred Saberhagen y Anne Rice como tercer gran esfuerzo para iniciar una revalorización del mito vampírico durante la década.

Eric Held y Dorothy Nixon fundaron el Intercambio de Información sobre Vampiros.

1979 Basándose en el éxito de la nueva producción de Broadway, Universal Pictures realiza un remake de Drácula, protagonizado por Frank Langella.

· · ·

La grabación del grupo Bauhaus de "Bela Lugosi's Dead" se convierte en el primer éxito del nuevo movimiento de música rock gótica.

Shadowgram se funda como un fanzine de Dark Shadows.

El 2 de enero, Richard Trenton Chase, el Vampiro de Sacramento, es acusado de seis cargos de asesinato y condenado a morir en la cámara de gas de San Quintín.

1980 Se funda la Bram Stoker Society en Dublín, Irlanda.

Richard Chase, el llamado asesino Drácula de Sacramento, California, se suicida en la cárcel.

Se funda la Federación Mundial de Clubes de Sombras Tenebrosas (ahora el Club Oficial de Fans de Sombras Tenebrosas).

1981 James P. Riva II escucha las voces que lo declaran vampiro. Después de desarrollar un gusto por la sangre de varios animales pequeños, asesina a su abuela y bebe su sangre de los agujeros de bala en su cuerpo.

1982 Se detiene a los famosos "Chicago Rippers", una salvaje banda de violadores, asesinos y bebedores de sangre.

. . .

1983 En el número de diciembre de Dr. Strange, el as del ocultismo de Marvel Comics mata a todos los vampiros del mundo, desterrándolos así de Marvel Comics durante los siguientes seis años.

Se funda el Festival de las Sombras Tenebrosas para organizar una convención anual de las Sombras Tenebrosas.

1985 Se publica The Vampire Lestat de Anne Rice y llega a las listas de los más vendidos.

Richard Ramírez, el "acosador nocturno", recibe 19 condenas a muerte en Los Ángeles.

1986 Sean Sellers, autoproclamado "Niño del Diablo", se convierte, a los 15 años, en el preso más joven del corredor de la muerte de Oklahoma. Según su testimonio, permitió que el demonio Ezurate le poseyera antes de cometer varios asesinatos.

1988 Los adolescentes Terry Belcher, Robert McIntyre y Malisa Earnest son detenidos después de haber viajado por todo el país realizando sus rituales de consumo de sangre y actos de sacrificio humano.

. . .

1989 El derrocamiento del dictador rumano Nikolai Ceaucescu abre Transilvania a los entusiastas de Drácula.

Nancy Collins gana un premio Bram Stoker por su novela de vampiros, Sunglasses after Dark.

Se desarticula una secta satánica/caníbal/que bebe sangre con sede en Matamoros, México.

Daniel Rakowitz intenta fundar una nueva religión bebiendo sangre humana.

El 18 de septiembre, Rakowitz es arrestado después de que la policía descubra de forma repugnante que ha hecho una sopa con su novia y que estaba repartiendo muestras a los indigentes.

1991 Vampiro: La Mascarada, el más exitoso de los juegos de rol de vampiros, es lanzado por White Wolf.

Annette Hill acecha y mata a Charles Reilly para que su amante lesbiana, Susi Hampton, pueda alimentarse de su sangre.

. . .

1992 Se estrena Drácula, de Bram Stoker, dirigida por Francis Ford Coppola.

Andrei Chikatilo, de Rostov (Rusia), es condenado a muerte tras matar y vampirizar a unas 55 personas.

Jeffrey Dahmer es condenado por 16 cargos de asesinato, mutilación y canibalismo.

Se estrena la película de Joss Whedon Buffy, la cazavampiros, protagonizada por Kristy Swanson.

1994 La versión cinematográfica de Entrevista con el vampiro de Anne Rice se estrena con Tom Cruise como el vampiro Lestat y Brad Pitt como Louis.

La CBS estrena la serie Forever Knight, protagonizada por un detective de homicidios llamado Nick Knight, que es un vampiro del siglo XIII que intenta hacer penitencia por sus fechorías como miembro de los no muertos.

1995 En mayo, la Sociedad Internacional Transilvana de Drácula patrocina la Conferencia Mundial de Drácula en

Rumanía.

Un monstruo vampírico muy extraño asoma su fea cabeza por primera vez en Puerto Rico en el verano de 1995. La criatura sigue con sus sangrientas incursiones y lleva el nombre de "Chupacabras".

1996 Los miembros de una "secta" de vampiros dirigida por Rod Ferrell son detenidos por los asesinatos de dos personas en Florida. Posteriormente son juzgados y condenados.

Jon C. Bush es condenado por 30 delitos sexuales contra ocho niñas menores de edad de las que abusó durante un rito de iniciación en su familia de vampiros.

1997 El centenario de la publicación de Drácula de Bram Stoker provoca una gran actividad a lo largo de 1997 y 1998, incluyendo la publicación de varios libros conmemorativos, muchos programas de televisión y la emisión de sellos de correos (Canadá, Irlanda, Reino Unido y Estados Unidos).

Del 13 al 15 de junio: "Drácula el Centenario" se celebra en Whitby, Inglaterra. Está patrocinado por la Whitby Dracula Society.

• • •

13 de agosto: el asesino en serie Ali Reza Khoshruy Kuran Kordiyeh, conocido como el vampiro de Teherán, es ejecutado públicamente en Irán.

Del 14 al 17 de agosto: Drácula '97: A Centennial Celebration se celebra en Los Ángeles y es el mayor de los eventos que conmemoran el centenario de la publicación de Drácula. El evento está patrocinado por las secciones americana y canadiense de la Sociedad Transilvana de Drácula y el Club de Fans del Conde Drácula.

Se estrena El hambre. La película está basada en una novela de Whitley Strieber, dirigida por Tony Scott y protagonizada por Catherine Deneuve.

Buffy, la cazavampiros, la serie de televisión basada en la película, se emite en marzo de 1997 en la cadena WB, con Sarah Michelle Geller como la "cazavampiros".

La popular serie tendrá una duración de 144 episodios y finalizará en mayo de 2003.

1996 Wesley Snipes protagoniza el personaje principal de Blade, en el que es un protector medio humano/medio vampiro de los humanos. Kirk Jones asume el papel de Blade en una serie de televisión de corta duración de 2006.

. . .

1999 David Boreanaz aparece como el personaje principal de Ángel, un spin-off de Buffy, la cazavampiros. Retratado como el amante vampiro de Buffy en la serie original, Ángel es un detective privado que intenta expiar sus pecados anteriores como vampiro.

2001 Charlaine Harris publica su obra Dead until Dark, la primera de sus novelas "Sookie Stack-house" sobre una camarera en un pequeño pueblo de Luisiana. Harris escribe sobre una época en la que la mayoría de los vampiros y los mortales coexisten pacíficamente, y los vampiros beben una alternativa a la sangre humana.

Matthew Hardman, de 17 años, apuñala hasta la muerte a Mabel Leyshon, de 90 años, en su casa de Llanfairpwill (Anglesey, Gales), y luego bebe su sangre de una cacerola. Estaba convencido de que este acto atroz le serviría de iniciación en la vida como vampiro.

2003 La película Underworld crea una realidad alternativa en la que los vampiros y los hombres lobo (licántropos) llevan siglos enfrentados, una auténtica guerra de monstruos.

. . .

2004 Micah White, de 20 años, mata a su madre y a su tía con estacas afiladas y luego quema sus cuerpos, creyendo que eran vampiros.

2005 Seis miembros de un pueblo rumano son condenados a seis meses de cárcel por la exhumación ilegal de un cadáver. Los asesinos vampiros habían desenterrado un cuerpo y empalado su corazón para evitar que el cadáver se levantara por la noche y bebiera la sangre de sus víctimas en la comunidad.

Mohammed Bijeh, el Vampiro del Desierto de Teherán, es ejecutado públicamente en Pakdasht, Irán, por la muerte de al menos 17 niños y tres adultos.

Stephenie Meyer lanza la "Saga Crepúsculo" con Crepúsculo, la primera de lo que se convertiría en una serie de cuatro novelas, que concluiría con Amanecer.

2006 Voces de la Comunidad Vampírica (VVC), la red de liderazgo de la comunidad vampírica moderna, comienza una encuesta y un estudio exhaustivos del vampiro contemporáneo - sanguinario (que bebe sangre) o psíquico. Esta enorme empresa se actualiza posteriormente en 2009.

La secuela de la película Underworld, Underworld Evolution, continúa la saga con un Romeo Lycan y una Julieta Vampiro que buscan unir sus tribus.

. . .

Una mujer de 30 años de la ciudad ucraniana de Odessa es detenida por beber la sangre de chicos adolescentes mientras realizaba rituales de magia.

2007 CBS, la cadena que tuvo una serie de bastante éxito en Forever Knight, vuelve a probar suerte con los vampiros en Moonlight. Mick St. John (Alex O'Laughlin) es un vampiro que fue transformado por su esposa hace 60 años. Como algún otro vampiro bienintencionado, el personaje es un detective privado que trabaja para salvar a la humanidad.

Tiffany Sutton, de 23 años, de Phoenix (Arizona), ha sido condenada a 10 años de prisión por agresión con agravantes. Después de decirle a su novio que le gustaba beber sangre, lo ató y luego le acuchilló la pierna, el brazo, el hombro y la espalda. Los registros de la prisión confirmaron la afirmación de Sutton de que se creía un vampiro.

2008 La obra de Charlaine Harris "Dead until Dark" se convierte en la serie de HBO "True Blood".

Crepúsculo se estrena como una película que gana una enorme base de fans formada principalmente por chicas adolescentes.

. . .

2009 Jonathan Albert Sharkey, que se presentó a las elecciones a gobernador de Minnesota como "El Empalador" bajo la candidatura de Vampiros, Brujas y Paganos, es condenado a 90 días de prisión por dos cargos de acoso a una niña de 15 años. Se desestiman los cargos de coacción para infligir daños corporales y coacción para revelar un secreto.

Inframundo 3: El ascenso de los licántropos, una precuela de Inframundo, describe cómo los vampiros se convirtieron por primera vez en los gobernantes de la clase esclava de los licántropos.

Conclusión

Los ames o los odies, creas en ellos o no, los vampiros representan figuras del imaginario común que permanecerán un rato más entre nosotros.

Como has podido ver en estas páginas, los vampiros son reales, aunque también distintos a como normalmente suelen apreciarse, especialmente en cuentos infantiles o en programas televisivos para adolescentes.

El vampirismo puede ser un tema muy atrayente para quienes ya creen en lo sobrenatural. Existen muchos sitios de información en línea que puedes consultar y preguntar directamente a personas que simpatizan con estos pensamientos. Procura tener precaución, pues los contenidos pueden ser muy gráficos o atemorizantes.

· · ·

La cultura también se ha encargado de mantener vivas y cambiantes las ideas en torno a los vampiros. Este libro es apenas una pieza más en el amplio abanico que te espera en películas, series, libros y relatos. ¡Ve a morder esos cuellos!